「運命のサイクル」を味方にして
しまえばもう怖くない！

最速で幸運体質になれる
フォーチュン運命占い

イヴルルド遙華

集英社

この本を手にとってくださったかたへ

気がついていないのと気がついていないふりをしているのは、大違い。
気がついていないなら仕方ないけど。
気がついていないふりをしているなら、人生を棒に振っています。
臭いものに蓋をしても確実にどんどん腐っていくし、後始末も大変なだけ。
人生も同じ。
もしも、何か違和感を感じていたり、明確な答えが見つからなかったり、
今の人生に納得していないのならば、すぐに軌道修正しないと、
きっと変われる時はないと思います。だって、人は確実に年を重ねるし、
守るもの、守りたいものがどんどん増えていく。さらに、体裁やプライドまで
増していく。かっこ悪い姿を見せたい人なんて誰もいませんから。
でもそうやって、チャレンジをズルズル先延ばしにしていては
転機は訪れないと思います。
だって、その時点で転機を望んでいないということですから。
でも、この本を手にしてくれたってことは、"何かを感じた"からだと思います。
その感情を見逃さないで欲しい。
私なんか無理、って諦めないで。決めつけないで。
私は鑑定を通して、本当にたくさんの人生を見てきました。
25歳を過ぎてチャンスをつかんだモデル、30歳で海外を夢見て
思い切って留学した人、40代で脱サラして飲食店で成功した人、
50代で起業して大成功した社長、60歳を過ぎて初婚で結婚した人、
なかなか相手に巡り合わずに悩んでいたけど、
諦めずに活動して再婚して幸せに過ごしている人――
いろんな人の素敵なドラマを。
あなたの、変わりたい、つかみたい、叶えたい！って思う気持ちこそが
運命の扉を開くキーなんです。
私は、あなたの可能性を信じています。
この世に生まれて、意味がない人なんて絶対にひとりもいません。
あなたがこの本を読んで、ちょっとでも人生に向き合い
アクションを起こすことができるように。
心から願っています。

イヴルルド遙華

人生は1度きり！エンジョイして
Eve Lovely

CONTENTS

- 002 この本を手にとってくださったかたへ
- 004 イヴルルド遙華の上京物語
- 011 **第1章**
  マインドナンバーとネイチャーエレメンツを
  出しましょう!
- 023 **第2章**
  マインドナンバーによる
  運命のフォーチュンサイクル占い
- 060 **COLUMN1** あなたの携帯電話番号の運勢を知ろう!
- 061 **第3章**
  生年月日から導き出すネイチャーフォーチュン占い
- 102 **COLUMN2** 華麗なるセレブの人間模様も星しだい
- 103 **第4章**
  ネイチャーエレメンツ×マインドナンバーが導く
  フォーチュン運命占い
- 154 **第5章**
  「運命のストレス」を乗り切る7つの魔法
- 155 「プチ改名」が運命の流れを変えていく
- 158 「言霊・筆霊」あなたは味方にしてますか?
- 160 健全な「スマホ」に健全な運勢は宿ります!
- 162 「月〜ムーン」のメッセージに耳をかたむけて
- 164 「幸運モチーフ」の役割を知りましょう!
- 166 「グループ」にもフォーチュン運命は関わるのです
- 168 どこかに必ずいます、あなたの「ソウルメイト」
- 170 **第6章**
  今の自分は、本当の自分じゃないと感じているあなたへ
- 175 あとがきにかえて

夢を叶える。
幸せを引き寄せる。

それには自分を知って未来と向き合うこと。私もそうだったのです──

イヴルルド遙華の上京物語

今、ありがたいことに私の元には、たくさんのかたが鑑定に足を運んでくださっています。雑誌に掲載していただくときには、予約のとれない人気占い師、モデルや女優から熱烈支持など、光栄な言葉でご紹介いただくこともあります。

だけど、2009年、九州出身の私が東京で占い師としてやっていこうと決意したとき、こうなることをいったい誰が予測できたでしょうか？

日本の首都であり、たくさんの人が行き交い、星の数ほど占い師やスピリチュアルのお店がある東京で活躍できる保証など、なにひとつありませんでした。

ダンボールを床に敷いて震えて眠った夜も

私のことを雑誌などで知ったかたの中には、代官山にモデルも来るような店を構えている占い師ということで、東京出身であるとか、芸能界に強いコネがあるとか、誤解されているかたも少なくありません。

でも、実際にはある日見た夢のなかで、東京の恵比寿に行きなさい、というお告げを受けたことで決心し、縁もゆかりもない東京・代官山に店を構えることとなったのです。

もちろん、家族はビックリしていました。

私は姓名判断士でもあるので、当時はビジネスネームを使い、福岡で輸入雑貨店も経営していてそれなりに順調でした。

だからこそ、なぜこの不景気中、家賃も高く、知名度が一切ない東京へわざわざ行くのかと、家族を含め、私の話を聞いた皆が大反対しました。特に、年上の人たちからは「年頃の女の子がそんなところに行ったらますます結婚できないよ、普通の子が急に東京に行って夢が叶うなんてありえない。ちゃんと人生のことを考えないと」と。

うーん。ちゃんと人生のことを考えて、今しかないって思ったんですが（笑）、東京行き

を止めに入る意見のほうが圧倒的に多かったんです。
でも、幼いころ病で三途の川を渡り掛けた私には、怖いものはありません。
それまで、県外に住んだことすらなかった私でしたが、夢のお告げに従い、ひとりで上京し、すぐにアパートの一室を借りたのです。「恵比寿に行きなさい」と言われた通り、右も左もわからない恵比寿という街で、私が気がいいと思えた場所に引っ越しました。

コネも実績も学歴もなにもなし。
あるのは、夢だけ。

昼は鑑定、夜になると、床にダンボールを敷いて、薄い掛布団で眠るような生活をしばらくしていたのです。店舗用の物件でしたので、窓だけはやたら大きなワンルームでトイレと簡易キッチンだけがついていて、お風呂は当然ナシ。ふたりの妹が来たときは三姉妹身を寄せ合って暖をとりました。
近くの銭湯に出かけたり、冬場は流しで洗髪する技術をマスターしたのもこの頃（笑）。
でも、不思議と毎日が楽しかったんですよ。それまでにやったことのないことの連続。姉妹で力を合わせて話し合いトラブルを乗り越える……まるで、毎日がゲームみたいで。当時は、鑑定に来てくださるかたといっても、本当にクチコミのご紹介で来てくださるかただけ。まだまだ予約がいっぱいになるには程遠く、お告げによって導かれたとはいえ、どこにも手応えなんて感じられるものじゃありませんでした。
そんなある日、東京の唯一の知り合いである同郷の男性と食事をすることになって。
その男性が当日、予告もなしにひとりの女性を連れてきてくださったのです。
実は上京する少し前に、ハワイのサイキックのかたから「東京で知り合う最初の若い女性が縁をつないでくれる」と言われていたので、少々ドキッとしました。
しかも、彼女は私がずっと欲しかったアロマキャンドルのPRをされているということで、話が弾み、瞬く間に親しくなったのです。いつお会いしても、穏やかで面倒見のよい彼女のまわりにはとても良いヴァイブレーションが漂っていて、彼女のことを頼り、慕うかたがたくさん！　彼女のおかげで、私のことを知った、

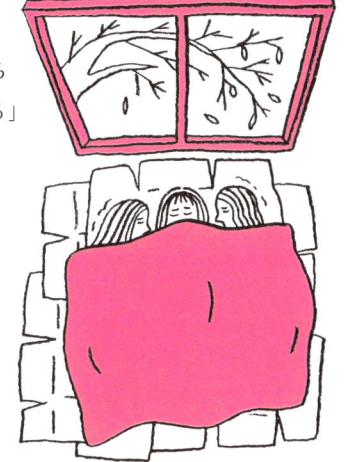

というかたも多く、言葉通り、多くの縁をつないでくださいました。
もちろん、いまでもとても親しくさせていただいています。

上京のつぎは結婚のお告げ？　そ、そんな無茶な！

そうやって、とにかくがむしゃらに、わざわざ足を運んでくださった相談者のかたの悩みと向き合い、誠心誠意を込めて鑑定に励んでいるうちに、徐々にリピーターやご紹介が増えていったのです。
そんなある日、「2011年、11月11日にあなたは結婚しますよ」って
またもや、天の声が聞こえたんです。
「嘘やん‼」それがポロっと出た私の言葉（笑）。
その時の私は、お付き合いのおの字も出てこないぐらい
男性とは、とおおおおおおおおおおおい生活を過ごしていました。
ただ職場と家を往復するだけ。しかも、毎日会うのは相談に来てくれる女子ばかり。
たまに会う男性は、60代の管理人さんか、郵便配達のお兄さんか、回覧板を持ってきてくれる隣のお店のお兄さん。私の人生のステージに、男性の登場人物は3人しかいませんでした。
そんな私に、「2011年、11月11日に結婚のお告げ」です。
無謀でしょう、ありえないでしょう、無理でしょう、天の声よ。
昔の私だったら、そんなことあるわけない、で諦めてた、いや、勘違いやろって聞き流していたと思うんですが、一度病気で死にかけて以来、心の叫びには、素直に従おうって決めていたので、私はバカみたいに
「2011年、11月11日に結婚のお告げ」を
受け入れたんです。
家族も友人もまたもや、みんな呆れて
おりました。
そうして、数日経ち、数ヶ月たち……
あれれれれ？？　誰にも出会わないな、
まずいな、って焦るようになりました。
そりゃ、そうです。
その頃には鑑定部屋から5分のところに住ん
でいて、鑑定が終わると歩いて5分のところに

6

あるマンションに帰宅。相変わらず、男性の登場人物も、60代の管理人さん、郵便配達のお兄さん、回覧板を持ってきてくれる隣のお店のお兄さん、この3大スターのみです。
さすがの占い師の私もまずいって感じました。
このままでは、痛い人で終わってしまう……。
出会いを求めて動かないといけない！
覚悟を決めました。

盆栽教室に行こう！
なぜ？　盆栽かって？
合コンに行くような友達がいなかったので、おひとりさまでも参加できるイベントで男性も来そうなものを考えたら、盆栽教室に行き着いたのです。
2011年初夏、盆栽教室の1日体験に参加。

そして、たまたま隣りに座った年下の男性と、トントン拍子に
2011年11月11日に入籍しました。

夢にまでみた占い本の出版。
ようやく夢のしっぽに手が届いた！

さて、本業の仕事のほうはと言いますと、まだまだ満員御礼には遠い状況ではあったので、予約のない空いた時間は、いつか自分のオリジナルの占いの本を出版したいという思いで、あてもなく執筆をしていました。
そして、この本をどうにか出版したい、と思いつつ、なんのコネもツテもないある日、編集者のかたに出会えるのではないかと、あるアイディアを思いついたのです。
それは、東京には地方と違い、出版社や編集者のかたが実際に存在していて、そんな感度の高いかたたちが集うような場所や機会がきっとあるはずだ、と頭をひねっていたときのこと。
ひょんなことから青山で開かれている健康食のお料理教室のお誘いをいただきました。
参加費がやや高かったことも、これなら限られた人しか来られないし、きっと感度の高い好奇心旺盛なかたたちの集まりではなかろうかと考え、思い切って参加したのです。
とはいえ、名札をしているわけでもなく、自己紹介もないので、みずから「占い師です！」と名乗ることもなく教室に参加していたのですが、なにしろふだんから声が大きく、九

州弁でしゃべる私です。
たまたま同じグループになったかたから「あなた面白いわね、芸人さん?」と声をかけていただいたことから会話が弾み、なんと、そのかたがまさに探していた出版関係者だったという奇跡が起こったのです。
そして、それからしばらくしてそのかたはまったく知名度のない、上京したばかりの私に本まで出版させてくださったのです!!
それと同時に鑑定のほうも順調に予約が入るようになっていきました。
実は私は、鑑定内容に関係なければ職業の話を聞かないのですが、知らないうちに、雑誌のライターやメイクアップアーティスト、スタイリストなど、雑誌業界のかたが鑑定にいらっしゃっていたようなのです。そして、そのかたたちが撮影現場などで、面白い占い師がいるよ、と話してくださったことから、次第にモデルさんや女優さんなどが直接予約をいれてくださるようにもなっていったのです。

私は現在も執筆の傍ら、鑑定のお仕事も続けています。
多い日は一日に10人見ることもあります。
「疲れませんか?」と心配されたり、鑑定料金をもっと上げて、気軽には来られない特別感を演出したほうがいんじゃない? とアドバイスをいただくこともあります。
だけど私は、なにか人生の岐路に立ったかた、どうしようかと迷っているかたが、私の占いによって背中を押され、最初の一歩を踏み出す勇気を持っていただけたらと強く願っているのです。
たとえ、直接鑑定に来られなくても、私の本を読み、自分なりの解釈で、より前向きな決断をしてもらえたらいいな、と本気で思っています。
以前、とある占い師さんに「あなたの夢は何?」と言われ、
「みんながちょっとでも笑顔になり、前向きになってくれたらいいなって思います。
みんなの笑顔づくりが私の夢です」と答えたら、
「綺麗事ね」と笑われました。
でも、私は本気でそう思っているんです。
そして、そのためには、私自身も、なるべく毎日を笑顔で過ごしたいと思っています。
なぜなら、笑顔はなによりの御守りだからです。

人類初の宇宙飛行士、ガガーリンが宇宙飛行士に選ばれた決め手は、

彼の満面の笑顔だったそうです。
彼は他の候補者よりも体重が重たかったにもかかわらず、荷物をその分、減らしてでも彼にすべきだと選ばれました。その理由は、いつも笑顔でいる人は、心身ともに万全な証拠だから。実際に彼は非常に楽観的な性格だったそう。
笑顔は彼の最大のチャームポイント、まさに御守りだったのです。

人生には奇跡という名のドラマがつきもの。
自分を知って、信じて、主役を演じてください

相談を聞いていると、あまりに私が楽観的だからか、苦労をしたことがないから悩みが理解できないと勘違いされてしまうこともありますが、実際の私は、幼いころから病弱で、運動会や遠足など楽しみな行事には決まって熱を出して参加できなかったり、家族で唯一アトピー肌のぜんそく持ち。
一切、青春時代の素敵な思い出がありません。
男性から「肌が汚い」と言われ、肌を見せることが苦痛だったときもあります。それ以来、男性恐怖症にもなり、大人になるまで男性と喋ることもできませんでした。
さらには、菌の病気で病院に担ぎ込まれ、死ぬかもしれない生命の危機を迎えたことが大きな転機となりました。
このまま死にたくない、と強く願ったことが活力となり、長期の入院を経て、回復。
あまりに不運が重なる私の身を案じた祖母から、地元で有名な姓名判断士のかたを紹介されたことがきっかけで、占いというツールに出会ったのですから、運命とはわからないものです。
その後も、順風満帆とはいいがたい試練がたくさんありました。
でも、その都度、私は、物事の良いほうを見る努力をし、夢を諦めませんでした。
すっごくお金で苦労したこともありましたし、
20歳で起業した私を馬鹿にして、ひとことも話を聞いてくれない取引先もありました。
女の子が仕事すると結婚できないよ、と呪文のように会うたびに言ってくる男性がい

たり、学歴がないことを馬鹿にされたことも、
見た目で陰口を叩かれたり、からかわれたりしたこともありました。
人生って、納得できないことばかりで不平等、って世の中を恨んだこともありました。
でも、いろいろなことを経験してひとつ言えることは、

人生って生きている限り
どんなチャンスもあるし、
奇跡というドラマがあるからこそ
自分を信じて
とにかく後悔しない生き方をすること。
だからこそ、
今の自分が望む姿じゃなくても
好きなことができていなくても
大丈夫！
あなたがどんな人生を望むか
そして
そのために覚悟を決められるかによって
必ず道は開くから。
まずは、自分を知って、
そして自分の未来に向き合ってください。

第 1 章

あなたの本質と運命サイクルが
わかる「数字」と
人間関係のカギを握る
自然界の「エレメンツ」は？

マインドナンバーと
ネイチャーエレメンツを
出しましょう！

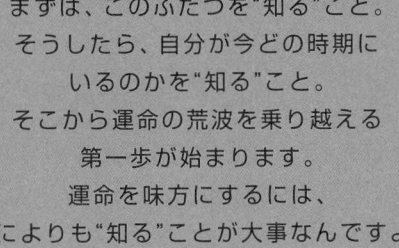

まずは、このふたつを"知る"こと。
そうしたら、自分が今どの時期に
いるのかを"知る"こと。
そこから運命の荒波を乗り越える
第一歩が始まります。
運命を味方にするには、
なによりも"知る"ことが大事なんですよ！

誰もが持っている生年月日。
そこには運命のカギが秘められています――。
その生年月日から導き出す、
その人の本質と運勢の周期がわかる数字、
それこそが、
マインドナンバーなのです！

この世に生まれた瞬間、誰もが手にする生年月日。
実はこの生年月日、ただの数字じゃないんです。
運命のサイクルにおいては大切な大切なあなたの個人情報。
この生年月日から導き出されるマインドナンバーを、
運命のサイクル（私はフォーチュンサイクル表と名づけました）にかざすと、
あなたの本質だけでなく、運勢の周期、人生そのものだって読み取れるのです。
えっ？　そんなことまでわかるの？　と不思議ですよね！
運気には波があって、1年ごとに、積極的に行動するべき時期、
のんびり休んだほうがいい時期、恋愛に適している時期などが、
ぐるっと24年のサイクルで一巡りするというのが
私が夢からもらったインスピレーションです。
そして、これまでたくさんのかたを鑑定してきましたが、いわゆる運がいい人、
そう見える人というのは知らず知らずにこの運命の波に乗って過ごしていて、
無意識のうちに幸運体質となっていたのです！
もちろん私自身も自分の
フォーチュンサイクル表を見つめな
がら、自分の人生を振り返ったり、
近い未来を予想してプランニング
したり、いまやこの表なしでは
いられません。
この占いは、いわばあなたの人生の
水先案内人。
もっとハッピーに、ラッキーに、
そして楽しく過ごせるように
運命のサイクルを味方にしましょう！

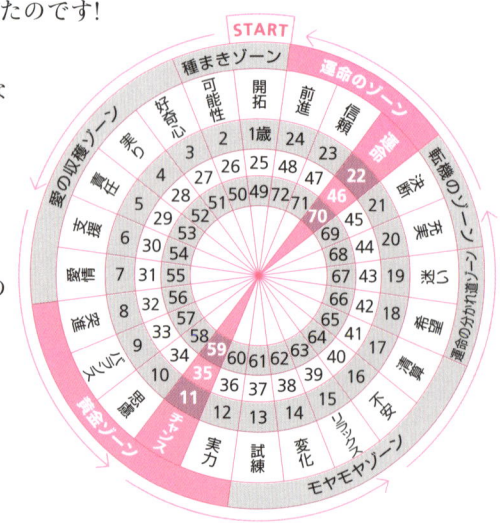

ネイチャーエレメンツって？

生年月日から導き出される
もうひとつのカギが、**エレメンツ**。
太陽や花、雨など、ネイチャー(自然)界にある
エレメンツ(要素)で表現される
その人の性格や個性は、人間関係の頼もしい
アドバイザーとなってくれるのです！

人付き合い、って本当に難しいですよね。
自分を押し殺して、他人の顔色をうかがってばかりだと疲れてしまうし、
積極的に行動したつもりが、でしゃばりと言われてしまったり。
そんな人間関係の悩みを解決したくて、アレンジしたのが
自然界の10のエレメンツにたとえた、ネイチャーフォーチュン占いです。
これは、もともと中国で生まれた算命学という占術に
私自身の占術データを加えて考えたもの。
太陽が照って、大地に雨が降って、花が咲いて、鉱物が育って……
自然界はそれ自体がサイクルになってつながっているでしょう？
それはそのまま人間関係のつながりとも言えるんです。
たとえば太陽星人の私は、唯一地球の外に存在する天体がエレメンツ。
だからとってもパワフルで元気だけど、
ずっと一緒にいると相手を疲れさせちゃうことも。
でも、それを自覚することで、私は人付き合いがすーっと楽になったんです。
そう、だからこの占いは自分のエレメンツだけでなく、まわりの人のものも
調べてみてほしい。

恋人、友人、上司、家族……その人
のエレメンツを調べればその人の
個性や好みがわかり、
おのずと自分との関係性、
付き合い方までわかってきます。
そうすることであなたの毎日は、
もっと気楽に、
そしてもっと、もっと、
輝き始めるはずです！

STEP 1

マインドナンバーの出し方

さあ、いよいよあなたのマインドナンバーを出しましょう。
とてもシンプルな算式だけど計算間違いは厳禁!
できれば電卓を使ってていねいに計算してください。

1 自分の生年月日を西暦にします。

例: **1970年12月18日**

2 生年月日をそれぞれの数字1ケタにして、全部足し算します。

例: **1+9+7+0+1+2+1+8=29**

3 最終的に1ケタになるまで足し算を続けていきます。

例: **2+9=11 → 1+1=2**

4 最終的に1ケタになった数字があなたのマインドナンバーです!

マインドナンバーは 「  」に決定!

9つのマインドナンバーには
それぞれ役割があります

さあ、自分のマインドナンバーがわかったら、占いのページに行く前に、
あなたのナンバーが持つキャラクターを確認しましょう。
人はみな、運命サイクルの中でさまざまな役割を担っているのです！

マインドナンバー1 チャレンジャー CHALLENGER	マインドナンバー2 マジシャン MAGICIAN	マインドナンバー3 ティーチャー TEACHER
自分に正直で不屈の精神を持つ選ばれし挑戦者	ポジティブ思考が奇跡を起こすミラクル魔術師	世代を超えて慕われる知識と経験豊かな人
マインドナンバー4 クイーン QUEEN	マインドナンバー5 キング KING	マインドナンバー6 メッセンジャー MESSENGER
生まれながらの姫は、やがてゴージャスな女帝へと	常に自信に満ちあふれ、自ら運をつかみとる王者	好奇心旺盛で思いやりあふれる人生の伝達師
マインドナンバー7 ラバー LOVER	マインドナンバー8 ファイター FIGHTER	マインドナンバー9 バランサー BALANCER
人生は恋と愛で満たされる……愛されるほど強くなる愛の人	努力と学びにゴールはなし。夢に向かって突き進む戦士	大胆さと繊細さ、ふたつの顔を併せ持つバランス感覚人

STEP 1 マインドナンバーの出し方

運命サイクルには、
7つのゾーンと24の時期があります！

大きく運命のフォーチュンサイクルといっても、
それは24の時期から成る7つの運命"ゾーン"で1周期となります。
この周期を自分のフォーチュンサイクル表で読み解くことが、
より幸運体質へと近づいていくきっかけに！

　運命のフォーチュンサイクルは24年で一巡りします。この24年というのは、1年ごとにテーマが異なる24の時期、そしてその24の時期で成り立つ7つの運命"ゾーン"でできているのです。

　ちなみにスタートは誰もが「開拓」から始まります。そして自分の生年月日から導き出したマインドナンバーごとのフォーチュンサイクル表にそって移り変わっていくのです。マインドナンバーごとのサイクル表は、このあとのそれぞれの占いページに載せてありますので、それをじっくり見てくださいね。注目してほしいのは24年にそれぞれ1回ずつおとずれる「チャンス」と「運命」の時期。この時期は、運命の相手と出会ったり、仕事で大きなチャンスをつかんだり、あるいは結婚、昇進が決まるなど、人生の花がぱっと咲き開くような変化が訪れます！　だから、ここで幸運の波をしっかりつかむことを目指して、ほかの1年ごとの時期と向き合っていくのが幸運体質になる近道なんです。

　ここではまず、フォーチュンサイクル表に秘められた24の時期と7つのゾーンの意味を説明します。運命の荒波を乗り切り、幸運の波にうまく乗るためにも、しっかりハートに刻みつけてください！

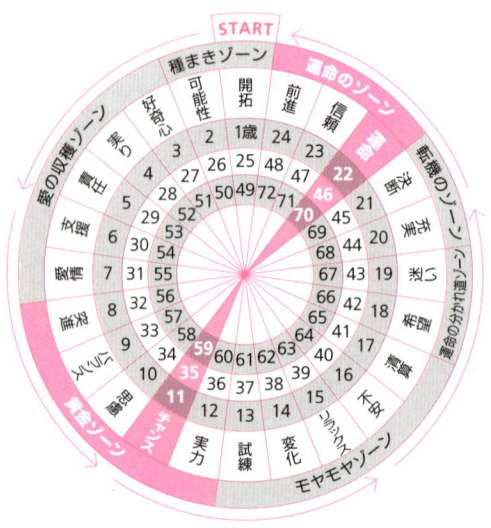

これが運命のフォーチュンサイクル表の見本。実際にはそれぞれのマインドナンバーごとのサイクル表にしたがって年齢が進んでいく。またこの表での1年間の時期とは、誕生日から始まり、次の誕生日までをさす。

運命サイクルは24年で1周期

それはこんな7つのゾーンと24の時期でできています。

種まきゾーン

新しいことを始めたり、チャレンジしたりするのにふさわしい時期。転職、独立、留学、転居……大切なのは変化を恐れない気持ち。この2年間に新しい挑戦をどれだけできるかがその後に影響を。

〈開拓〉 強い信念と意志をもって、なにかを始める時。周囲から反対されても、夢と意志を貫いて。あれこれ考えているひまがあるなら、まずアクション！ この時期はチャレンジの波に乗っているのでアイディアもどんどん浮かびます。それゆえ、早とちりや勘違いには注意を！

〈可能性〉 インスピレーション、ひらめき……今はその感性を信じて！ 素直におもしろそう、トライしてみたい、と感じるものはどれもやってみて大丈夫。それがさらに運命の可能性を広げることにつながります。元気とパワーあふれるあなたに、人もどんどん集まってきます！

愛の収穫ゾーン

愛を育てていく時期。結婚、出産はもちろん、同棲、交際を始めるのにもぴったり。異性との恋愛だけでなく、友情を育む、人脈を広げるなど、とにかく多くの愛を与え、受け取ることが大切な5年間。

〈好奇心〉 あなたの可能性はまだまだ広がります。イベントに参加したり、映画や本、展覧会で知的好奇心を満たすなど、どんどん活動の場を広げて。もちろん恋愛も発展の可能性大。この時期をネガティブに過ごしてしまうと、後々のチャンス期が枯れてしまうのでファイトです！

〈実り〉 今こそ人生に実る果実の甘さを味わう時！ たくさんのハッピーとラッキーが舞い降りて、これまでがんばってきた人ほど幸運をつかみとることができます。仕事での成功、あるいは結婚、妊娠といった多くの実りを得られる期待大。ただし、多忙になるので体調管理には注意。

〈責任〉 何事においても、責任ということが問われる時期。やらなければいけないことが増えたり、大変なことが増えてくるかもしれないけれど、ここが正念場。ここで努力したことは結果も出やすく、チャンスに結びつきやすいのです。キャリアアップの準備にも適した時期。

〈支援〉 周囲からのサポート、あるいは頼もしいアドバイザーとの出会いが期待できる時期です。もしも悩みがあるなら、身近な人に相談してみるのもいいでしょう。シングルの人はこうした第三者を介して、運命の相手と出会えるチャンスも満載！

〈愛情〉 24年に1度の、愛情運が最高潮の時期！ あなた自身もまわりも多くの愛で満たされ、幸福感でいっぱいに。恋活・婚活にももちろん最高の時ですが、家族、友情、パートナーシップなど、すべての愛がぐんぐんと育ちます！

黄金ゾーン

さあ、幸運の波をがっちりとつかむ準備はできていますか？　仕事も恋愛も趣味もすべて楽しみ、アクティブに行動する時期の到来！　この5年間をどう過ごすかが、その後の人生を左右します！

〈突進〉　黄金ゾーンの幕開けとなる年は、何事も失敗を恐れず、当たって砕けろ！　がスローガン。素敵なラブモードを経てからのこの時期は、特に仕事面での黄金期に突入。今後数年がキャリアを決定づける重要な期間となっていくので、積極的なチャレンジとアプローチを。

〈バランス〉ふたつのことのバランスをとりながら同時にやりとげることで価値ある結果に。たとえば、仕事と恋愛、本業と副業、趣味と実用、など一見相反するようなふたつのことを追い求めても大丈夫。むしろひとつのことに打ち込みすぎるとアンバランスな結果に。

〈思慮〉　大きなチャンス期を目前に控え、ここはぐっと思慮深く慎重に、コツコツ丁寧に行くべきとき。これまでの躍動に満ちた日々に比べると、それは少しだけ地味に感じるかもしれません。でもこのコツコツ努力こそ、翌年にひかえる輝かしい未来への大切な下準備に！

〈チャンス〉24年に1度の、絶対逃してはならない幸運期！　チャンスの神様の前髪どころか後ろ髪だって必ずつかまえてモノにして！　結婚、仕事、財テク……何か望みがあるならしっかりと明確な理想を描いて、強く強く願うこと。その気持ちがさらなる幸運を引き寄せます。

〈実力〉　これまで得たもの、幸運の波にのってやってきたものたちをどう活用していくか……そう！あなたの実力が問われる時期です。せっかく手にしたチャンスも、うまく利用できなければ意味はなし。トレンドやまわりの声にもしっかりと耳を傾け、自身の実力を養って！

モヤモヤゾーン

ちょっと人生について考えるべき時。なんとなく気持ちが晴れなくてモヤモヤ。悩みはいろいろあるけれどどうにも結論が出なかったり、もしかすると体調を崩してしまうことも。この時期に無理は禁物。

〈試練〉　忍耐力、根性、体力……あなたのいろいろな局面が試されます。なんで私ばかりが、と嘆きたくなることもあるかもしれません。そう、まさにときは試練の時。ここはふんばりどころです。落ち込んだり、他人をひがんだりせず、おおらかな気持ちで過ごして。

〈変化〉　良くも悪くも大きな変化がおきやすい年。転職、失恋、離婚、逆に復縁や結婚など、広い意味での変化が考えられます。そしてこの変化は受け入れざるを得ないもの。この流れに逆らうと、さらに意に沿わない方向へと変わったり、予想もできない結末を迎えるかも。

〈リラックス〉モヤモヤゾーンに突入して早3年目。試練や変化の波に疲れもたまってくるころです。時には肩の力を抜いてリラックスすることも、運命サイクルとうまく付き合うには欠かせないこと。規則正しい生活や栄養バランスなどを見直して、あせらず自分の土台を整えて。

〈不安〉　この時期は楽しいことやうれしいことがあっても、心の底から楽しめない時。チャンスがきた！と思ってもうまく活用できなかったり、なんとなくモヤモヤ……。でも、いつもマイナス思考はいい結果は生まないもの。テンションを上げられる気分転換を見つけてみて。

〈清算〉　ようやくモヤモヤ期も終盤に。長かったですね。よくがんばりました！　さあ、清算のときで

す！　人間関係、恋愛、キャリア……ここ数年を振り返ってみると、何を残して何を捨てればいいか見えてきていませんか？　捨てることを恐れず、本当に必要なものを大切にして。

運命の分かれ道 ゾーン

モヤモヤを引きずったままか、それとも気持ちを切り替えてポジティブになっていくか？　まだまだ心は不安定な時期。ここでは、自分が本当にやりたいことはなにかを、今一度考えてみて。

〈希望〉　ここ数年のつらい日々は決して無駄なものではありません。それはこれからの運命の道しるべを探す旅のようなもの。ほら、そろそろ希望の光が見えてきませんか？　うつむいていてはせっかくの光も目に入りません。見逃さないよう、感覚を研ぎ澄ましていましょう！

〈迷い〉　進む道はこっちで本当にあっているのかしら……？　だいぶ心が軽くなってきたとはいえ、まだまだ悩んだり迷ったりすることもあるはず。じっくり考えて出した結論を翌日にはもう後悔したり、なんてことも。今は、迷う、悩むことに意味があるので問題をスルーしないで！

転機の ゾーン

いよいよ運命の大事な大事な扉を開く準備をする時期に！　あなたがノックしたいのはどんな幸せの扉ですか？　ここは本能と欲望のままに動くべき2年間。うんとポジティブに、遠慮は無用です！

〈充実〉　長いトンネルは抜けました！　幸せの入り口がそこに大きく開かれているのがわかるはず。これまで悩んでいたことが解決したり、未来を期待できる恋愛が始まったり、あちこちに幸運の気配が感じられます。しっかり引き寄せるためにも笑顔とポジティブ思考はマストです！

〈決断〉　今こそ勇気と決断を持って運命の扉を強くノックするときです！　やりたいこと、かなえたいことを再確認して、実現に向けてアクションを。それは転職かもしれないし、結婚というゴールかも。変化を恐れず、新しい出会いや可能性を求めることも幸運のカギとなります。

運命の ゾーン

今こそ、人生の幸せの甘さを味わう時期。思いがけない出会いや意外なオファー、ときめく出来事……そのすべてを見逃さないで！　ここで運命の扉を開き損ねると、次は23年後ですよ！

〈運命〉　24年にたった1回の運命の扉が開きます！　その向こうでは幸運の女神がにっこり笑い、あなたは新しい世界へと踏み出します。これまでがんばったこと、耐えてきたこと、さまざまな努力が報われるとき。幸運のカギは今こそすべて、あなたの手中に！

〈信頼〉　まわりの人々との信頼を深め、よい人間関係を築くことがチャンスを呼び、いい人脈へとつながるというグッドスパイラルに。この時期は家に閉じこもっていてはダメ。ふだんのお付き合いはもちろん、旧友との再会や同窓会、職場の会などいろいろな場に顔を出して。

〈前進〉　また、新しい一歩を踏み出す時がやってきました。前年までに築いた信頼できる人間関係をもとに新しいことにチャレンジするのにもいいとき。独立や起業、留学、といった夢の実現に向けての新しいトライアルがプラスに。活動の幅を広げるのもおすすめです！

STEP 2

ネイチャーエレメンツの出し方

次はあなたのネイチャーエレメンツを生年月日から計算して出しましょう。こちらも間違いは厳禁ですよ！
慎重に電卓を使って計算してくださいね。

1 P21の 表A で、自分が生まれた年と月の交差するところの数字を調べます。

例：**1980年5月15日生まれの人は表Aで出る数字は10**

2 その数字に自分の生まれた日の数字を足します。

例：**生まれた日15＋1で出た数字10＝25**

3 2で出た数字の1の位を右の 表B に当てはめてエレメンツを見つけます。

例：**1の位が5なので、エレメンツは**

表A

西暦	1月	2月	3月	4月	5月	6月	7月	8月	9月	10月	11月	12月
1939	34	5	33	4	34	5	35	6	37	7	38	8
1940	39	10	39	10	40	11	41	12	43	13	44	14
1941	45	16	44	15	45	16	46	17	48	18	49	19
1942	50	21	49	20	50	21	51	22	53	23	54	24
1943	55	26	54	25	55	26	56	27	58	28	59	29
1944	0	31	0	31	1	32	2	33	4	34	5	35
1945	6	37	5	36	6	37	7	38	9	39	10	40
1946	11	42	10	41	11	42	12	43	14	44	15	45
1947	16	47	15	46	16	47	17	48	19	49	20	50
1948	21	52	21	52	22	53	23	54	25	55	26	56
1949	27	58	26	57	27	58	28	59	30	0	31	1
1950	32	3	31	2	32	3	33	4	35	5	36	6
1951	37	8	36	7	37	8	38	9	40	10	41	11
1952	42	13	42	13	43	14	44	15	46	16	47	17
1953	48	19	47	18	48	19	49	50	51	21	52	2
1954	53	24	52	23	53	24	54	25	56	26	57	27
1955	58	29	57	28	58	29	59	30	1	31	2	32
1956	3	34	3	34	4	35	5	36	7	37	8	38
1957	9	40	8	39	9	40	10	41	12	42	13	4
1958	14	45	13	44	14	45	15	46	17	47	18	48
1959	19	50	18	49	19	50	20	51	22	52	23	53
1960	24	55	24	55	25	56	26	57	28	58	29	59
1961	30	1	29	0	30	1	31	2	33	3	34	4
1962	35	6	34	5	35	6	36	7	38	8	39	9
1963	40	11	39	10	40	11	41	12	43	13	44	14
1964	45	16	45	16	46	17	47	18	49	19	50	20
1965	51	22	50	21	51	22	52	23	54	24	5	25
1966	56	27	55	26	56	27	57	28	59	29	0	30
1967	1	32	0	31	1	32	2	33	4	34	5	35
1968	6	37	6	37	7	38	8	39	10	40	11	41
1969	12	43	11	42	12	43	13	44	15	45	16	46
1970	17	48	16	47	17	48	18	49	20	50	21	51
1971	22	53	21	52	22	53	23	54	25	55	26	56
1972	27	58	27	58	28	59	29	0	31	1	32	2
1973	33	4	32	3	33	4	34	5	36	6	37	7
1974	38	9	37	8	38	9	39	10	41	11	42	12
1975	43	14	42	13	43	14	44	15	46	16	47	17
1976	48	19	48	19	49	20	50	21	52	22	53	23
1977	54	25	53	24	54	25	55	26	57	27	58	28

西暦	1月	2月	3月	4月	5月	6月	7月	8月	9月	10月	11月	12月
1978	59	30	58	29	59	30	0	31	2	32	3	33
1979	4	35	3	34	4	35	5	36	7	37	8	38
1980	9	40	9	40	10	41	11	42	13	43	14	44
1981	15	46	14	45	15	46	16	47	18	48	19	49
1982	20	51	19	50	20	51	21	52	23	53	24	54
1983	25	56	24	55	25	56	26	57	28	58	29	59
1984	30	1	30	1	31	2	32	3	34	4	35	5
1985	36	7	35	6	36	37	37	8	39	9	40	10
1986	41	12	40	11	41	12	42	13	44	14	45	15
1987	46	17	45	16	46	17	47	18	49	19	50	20
1988	51	22	51	22	52	23	53	24	55	25	56	26
1989	57	28	56	27	57	28	58	29	0	30	1	31
1990	2	33	1	32	2	33	3	34	5	35	6	36
1991	7	38	6	37	7	38	8	39	10	40	11	41
1992	12	43	12	43	13	44	14	45	16	46	17	47
1993	18	49	17	48	18	49	19	50	21	51	22	52
1994	23	54	22	53	23	54	24	55	26	56	27	57
1995	28	59	27	58	28	59	29	60	31	61	32	62
1996	33	4	33	4	34	5	35	6	37	7	38	8
1997	39	10	38	9	39	10	40	11	42	12	43	13
1998	44	15	43	14	44	15	45	16	47	17	48	18
1999	49	20	48	19	49	20	50	21	52	22	53	23
2000	54	25	54	25	55	26	56	27	58	28	59	29
2001	0	31	59	30	0	31	1	32	3	33	4	34
2002	5	36	4	35	5	36	6	37	8	38	9	39
2003	10	41	9	40	10	41	11	42	13	43	14	44
2004	15	46	15	46	16	47	17	48	19	49	20	50
2005	21	52	20	51	21	52	22	53	24	54	25	55
2006	26	57	25	56	26	57	27	58	29	59	30	0
2007	31	2	30	1	31	2	32	3	34	4	35	5
2008	36	7	36	7	37	8	38	9	40	10	41	11
2009	42	13	41	12	42	13	43	14	45	15	46	16
2010	47	18	46	17	47	18	48	19	50	20	51	21
2011	52	23	51	22	52	23	53	24	55	25	56	26
2012	57	28	57	28	58	29	59	30	1	31	2	32
2013	3	34	2	33	3	34	4	35	6	36	7	37
2014	8	39	7	38	8	39	9	40	11	41	12	42
2015	13	44	12	43	13	44	14	45	16	46	17	47
2016	18	49	18	49	19	50	20	51	22	52	23	53

> STEP 2　ネイチャーエレメンツの出し方

自然界にあるエレメンツは、すべてつながりあっているのです

自分、そしてまわりの人のネイチャーエレメンツを知ると、
その人と自分がどういった関わりになるのかがわかってきます。
だってほら、自然界を代表する10のエレメンツたちは
こんな風にサイクルになっているのですから！

右のイラストを見てください。この中にはネイチャーフォーチュン占いを構成する10のエレメンツ（要素）がすべて描きこまれています。火系（キャンドル・太陽）、水系（海・雨）、土系（山・大地）、植物系（木・花）、鉱物系（鉄・ダイヤモンド）の10個のエレメンツ

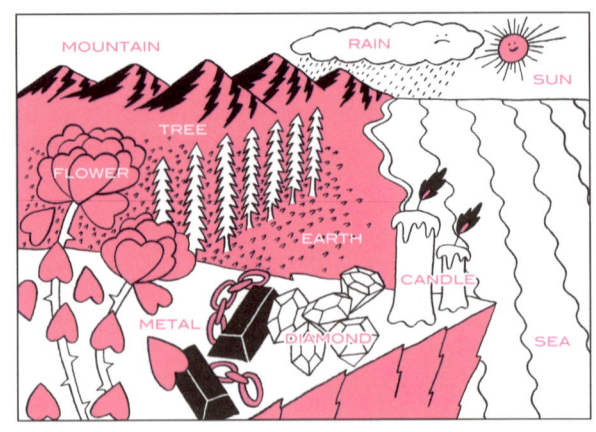

がひとつの場面の中にあっても違和感はないでしょう？　だってこれらはすべて関わりあっているんです。木や花が育つのに太陽や雨の恵みは欠かせないし、ダイヤモンドや鉄などの鉱物は大地や山から採れますし。雨が降り、海になり、海が蒸発して、また雨となり——こうしたすべての関わりこそが、人間関係においても驚くぐらいぴったり同じなんです！　せっかくのダイヤモンドだって磨かなければ石ころのまま。暗闇を照らすキャンドルの灯は、どれだけ人の救いとなるでしょう。
でも自分のことってよくわかっているようで、わかっていないところがありませんか？　素敵な恋をするぞー！　と思っていてもなかなかうまくいかなかったり……そんなとき自分や周囲の人のエレメンツを知っておくと対処法や付き合い方、距離感を把握しやすいのです。過去の恋人や友達、家族、好きな芸能人など、あなたのまわりの人たちを、ひかれやすいエレメンツなのか、それとも苦手なエレメンツなのかチェックすれば、人間関係がどんな状態なのか冷静に把握することができ、傾向と対策を練ることができるのです！

第 2 章

自分の本質を知ることは
運命サイクルと
うまくつきあっていく
第1歩

マインドナンバーによる運命のフォーチュンサイクル占い

それではまずはマインドナンバーで
本当の自分を知り、
フォーチュンサイクル表で人生を見つめ、
幸運の波をつかまえる
準備にとりかかりましょう！
さあ、あなたのマインドナンバーは
しっかりと頭に刻まれていますか？

マインドナンバー

自分に正直で不屈の精神を持つ
選ばれし挑戦者

CHALLENGER
チャレンジャー

あなたはいつも自分に正直。
イヤなことはイヤ。
興味がないことにはとことん無関心、
でも気になることは譲れない。
その強い思い込みこそ、
あなたの無敵のエネルギー。
学歴とか家柄とか、
そんなものには頼らず
実力で夢を叶えるパワーの持ち主。
誰かに頼って受身でいるのではなく、
自らアクションをおこして行動する
ことで幸運をつかみとっていく、
不屈のチャレンジャーなのです！

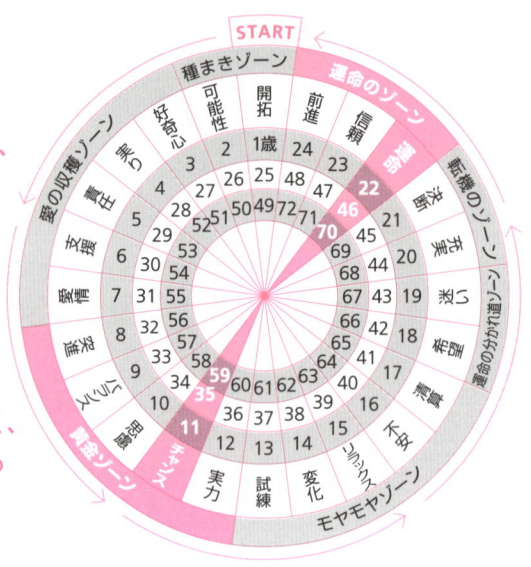

――― あなたの本質 ―――

自分に正直であるがゆえ、やりたくないことを回避するためには手段を選ばない、初対面で苦手だなと思った相手はとことん敬遠する……そのわかりやすさこそ、マインドナンバー1の強烈な個性。あなたは、たとえ9人が黒だと言っても、自分が白だと思えばそれを主張できる強さを持っています。1の数字が始まりを表しているように、このナンバーの人は自立心が強く、早くから親から独立して暮らしていたり、地元を離れていたり、フリーで仕事をしたりする人が多いのです。そして学歴や家柄には頼らず、実力で夢を叶える、いわば"成り上がり"系。挑戦しないで後悔するくらいなら、チャレンジして失敗したほうがいいと考えるほどバイタリティに富んでいます。人の好き嫌いがはっきりしている反面、親分

24

肌でもあり、困っている人がいるとほうっておけない面倒見のいい面も。こうしたところから、周囲からは大雑把な人と思われがちなのですが、神経質でこだわり屋の一面も持っていたりもするので、かなり個性的な人間だとまわりからは見られるでしょう。でもその個性を生かして「自分が主役」の人生を歩んでこそ、より強く輝けるタイプ。たとえそれが茨の道でもへこたれることはありません。自分が信じた道を突き進めるのは、自分だけだとわかっているからです!

恋愛

決して恋多きタイプではないものの、いったん恋に落ちると自分のすべてを相手に捧げていいくらいの激しい情愛でもって、愛を貫きます。好きになったらあの手この手でアプローチし、恋が叶うと相手に一途であり続けるはず。でも、あなたはプライドが高く、負けず嫌いなところも。だから、パートナーに対しても本当は素直に甘えたいのに、つい強がってしまったり、意地悪をしてみたり。そして独占欲が強いので、嫉妬深い一面も持っています。こっそりパートナーの携帯をチェックしたり、異性の友人との関係を問い詰めたりなんてことをしてしまうかも。ただし、嘘や浮気は許せないタイプなので、ひとたびパートナーの裏切りを知ればあっさりと別れてしまうこともあります。切り替えの早さこそ恋愛での大事なところ。いつまでも、引きずって殻に閉じこもってしまうのはNG! 恋したい、いい人に出会いたいと思った瞬間に恋のハンターになれるのですから!

結婚

恋が実ると、そのゴールの形として当然結婚を考える——意外に古風なマインドナンバー1です。互いに愛しあうピュアな恋愛関係を求めるあなたには、不倫や三角関係、ましてや体だけの関係なんて向いていません。それは自分でもわかっているはずです。ただ、仕事や趣味で多忙に過ごすタイプなので、結婚を望みながらもついついその実行は延ばしがち。だからこそ結婚後は晴れて、仕事も家事も育児もバリバリこなすスーパーウーマンに! ただ、自分自身は独立心が強いのに、自分の子供のことは干渉したいほうなので、教育ママになったり、過干渉になる恐れが。子供には何の不自由もさせないようにと、先へ先へとなんでもやってあげる母親になるでしょう。やり過ぎてあげたり、口出しし過ぎて、子供が母親なしでは何も決められない、ってことにならないように気をつけて。

仕事・キャリア

独立心が強いだけでなく、積極的で行動力があるので、若いうちからビジネスチャンスをつかめるタイプ。負けず嫌いなので大変な仕事ほど燃え上がります。ただし、追い込まれないと本領発揮できないので、ギリギリまでダラダラしてしまうことも。ですが、やると決めたら全力で目標に向かって突き進み、成功をかちとるでしょう。実際にこのナンバーはカリスマに多く、有名人でいうと、矢沢永吉さん、長渕剛さん、浜崎あゆみさん、そしてなんと言ってもレディー・ガガ！ ルーティン作業が苦手なので、事務職などより、自営業、プロデューサー、ライター、アーティストなど、自由に動ける変化のある職業が向いています。仕事において幸運体質になるのに大切なのは、「チャレンジ」と「個性」。人と同じように過ごしていては、あなたの魅力は半減です！ 思い切った行動をとることで常にあなたは人とは違う生き方ができるはず。周囲のことを気にせずに、あなたらしく過ごせるようになれば無敵です。次から次へと成功が待っていますよ！

人間関係

感覚で仲良くなれるか、苦手になるタイプかわかる人。一見、人当たりがいいので、友達が多いように見えますが、友人選びには慎重で意外とすぐには心を開きません。なので、心を許せる親友は少ないのですが、いったん心を許せばまるで家族のように大切にします。また、家族や兄弟との絆も強く、身びいきの強さも。基本的には、周囲にあわせて生きるよりは、まわりをひっぱっていくほうが向いているカリスマタイプ。誰よりも仕事ができるからこそ、部下やスタッフが育たないおそれも。教えるよりも自分がやったほうが早いし、って感じになりがちです。裏切られたり嘘をつかれたり、"だまされた"と感じた瞬間、心のシャッターをガラガラと閉ざしてしまいます。でもいつまでもそれを続けていると仕事オンリーの人生になってしまうので、まかせられることはまかせる勇気を持って。

運命サイクルとの付き合い方

いつも同じ生活をしているのはせっかくのパワーの持ちぐされ。バイタリティにあふれるあなたは運命の荒波に飛び込んでいける人。だからこそ、種まきゾーンや運命の分かれ道ゾーンでは思い切ったチャレンジを！ 逆にモヤモヤゾーンでは気ままな旅にでる、コメディー映画を見て笑う、などのリフレッシュを忘れずに！

1 CHALLENGER

FORTUNE ACTION　フォーチュンアクション

1に行動、2に行動、3、4がなくて、5に行動。
何が何でも、マインドナンバー1の人にとっては、行動あるのみ。
怖気づいて、何も始められなくなってしまった瞬間が、チャンスを逃すとき！

いくつになっても遅すぎることなし。人生はいつでも青春。

過去ばかり振り返っていませんか？ マインドナンバー1の人は、常に、時代を先駆ける人。昔は良かったなあ、なんて言いだしたら終わりです。いつも輝いているのがあなた。だからこそ、もし今、自分の生き方や生活に納得していないのならば、人生の見直しをして、やれることから始めましょう。クヨクヨ思っているだけで、物事が転換するほど、人生甘くはありません。あなたが、変わりたい、変えたいと思った時、運命は微笑んでくれるはずです。

マインドナンバー 1 のメンズ

「攻略法さえマスターすれば簡単！」

彼は子供っぽい無邪気な性格で、楽しいことが好きな豪快さん。勝負好きなところがあるので、仕事も恋もどこかゲームのように楽しむところがあります。なので、新しい発見や出会いなどが期待できるノープランのデートがおすすめ。ご法度は束縛と仕事への干渉。ハードワーカーの彼に「私と仕事とどっちが大切？」は厳禁です！ そんな質問をしてしまうとあなたの品格まで疑われます。単純な性格の彼をおだてて、立てることができれば、付き合っていくのは難しくありません。ケチケチするのが嫌いで大盤振る舞いすることもあるので、結婚後はあなたが財布の紐を管理する必要が。

マインドナンバー

ポジティブ思考が奇跡を起こす
ミラクル魔術師

MAGICIAN

マジシャン

考えるよりも"直感"を大事に生きる人。
パパっとひらめくと同時に、
自分がどうしたいのか、それを叶える
ためにはどうしたらいいのか、まで
わかってしまうのです。
それはあなたが繊細で豊かな
想像力の持ち主でもあるから。
自分が思い描いていた夢を
実現させる奇跡を起こす力を
持っているのです！
なので悪いことを考えると嫌なことまで
実現してしまうので、気をつけて。
自分の可能性を信じて進むことによって
どんどん幸運体質になれる人です。

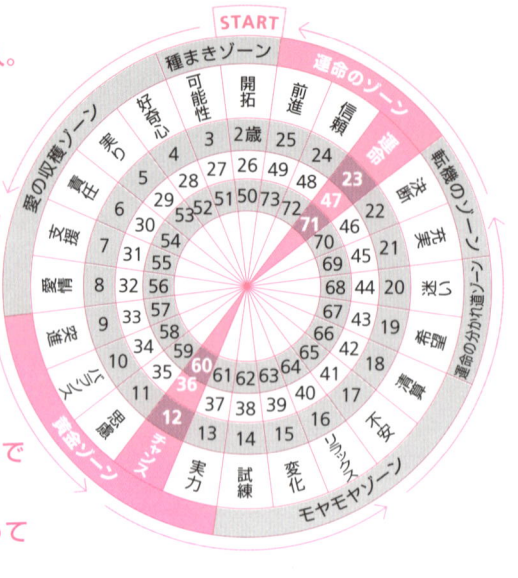

――― あなたの本質 ―――

直感で生きるあなたは、自分でも気づかないうちに奇跡を起こしてしまう能力をもった人。頭に描いたいいことも悪いことも実現してしまうので、たとえ落ち込むことがあっても、すぐにハッピーなことを考えて、気持ちを切り替えるようにしましょう。あなたは、魔法使いのように、悪夢も吉夢も叶えられる人だということを忘れないで！　自分の長所や性質をよくわかっているのでセルフプロデュース力も高い人です。しかも相手に合わせていろいろな自分を演じることまでできる、これまた女優のような一面も。持ち前のサービス精神も手伝って、ついつい相手の望む自分を演出し、やり過ぎてしまうことがあるかもしれませんが、そんなところもあなたの愛されポイント。"こうしたほうがいい気がする""なんとなくこんな気がする"感

覚を大事にしてそれに従えば、誰もがうらやむようなシンデレラストーリーを引き寄せることができるでしょう。スーパースターや大富豪にも縁があり、みんなの想像を超えたチャンスや運命を手にするのも夢ではありません。だってこのナンバーの有名人といえば、マドンナ、ケイト・モス、ココ・シャネルですよ!

恋愛

生まれながらに引き寄せ力の強いあなたには恋のチャンスがいっぱい。でも、時として勢いやはずみで、大して想ってもいない人とお付き合いを始めてしまったり、うっかり関係を持ってしまって「あちゃー」となった経験、ありませんか? しょうがないんです。あなたは直感で生きるドラマティックな人なんですから。そのときの雰囲気や感情に流されてしまうこともあります。でも「あちゃー」と後悔するようなことをしちゃってもグズグズ悩まない! ネガティブ思考は厳禁です。納得いかないことがあっても、いつまでも感情をひきずらずにさっさと気分を切り替えて。だってあなたは見初められて玉の輿、セレブや有名人に愛されるような運も持っています。せっかくなんだからその運を使わないともったいないですよ。そんなあなたと好相性なのは、共通の趣味や価値観を持ち、大らかな心で包んでくれるような人。あなた自身が、女友達より恋人や夫に癒しを求めるタイプですから、あなたの話をきちんと真剣に聞いてくれ、いつも一緒にいてくれる人、子供好きの家庭的な男性と結ばれると幸せになれます。

結婚

結婚後も魅力を失わず、いくつになってもチャーミングなところがある人です。もしも玉の輿運に乗らなくても、あげまん運を持っているので夫が出世することも! 過去にお付き合いしていた彼が成功したり、出世したり、といった経験がありませんか? あなた自身はそんなにスタミナ満点パワー系タイプではないので、仕事を持っていたとしても、結婚や妊娠を機に少しペースダウンしたり、お休みしたりして、家族と家庭を優先するのもいいでしょう。そして子育てがひと段落した頃にまた働くというバランスのいい配分が、ゆとりを生みます。

もちろん、たまには子供を預けて、夫と恋人気分でデートを楽しむことも忘れないで。そうした気分転換が、いつまでもあなたをかわいらしく若々しくさせてくれるはずです。

仕事・キャリア

文才、歌唱力、デザイン力など、アーティスティックなセンス抜群のあなた。単純な事務作業というよりは、クリエイティブな仕事、たとえば、モデル、アーティスト、デザイナー、エディター、作家、パティシエ、音楽関係など、オリジナリティが求められる職業がぴったりです。もし今の仕事が満足いくものでなければ、勉強したり試験を受けたり、資格を手に入れて転職について考えるのもあり。堅苦しいルールや慣例はあなたにとって意味のないもの。年齢や学歴を言い訳にするなんてもってのほか。趣味や好きなことに取り組むように、仕事も持前の直感力とセンスを活かすことで成功をつかめるはず！　金運もなかなか強く、ギャンブル・くじ運も持っているのですが、金儲け主義者になってしまうとせっかくの金運が逃げてしまい、センスまで錆びつきかねないことも。楽しく好きなことでお金を稼ぐことをモットーにして。

人間関係

遠回しな言い方や建前が苦手なために、時にあまりにもストレートな表現や物言いをしてしまって、目上の人の反感を買ってしまうことも。良くも悪くも実力主義のマインドナンバー2は、年齢という概念にとらわれず、自分が尊敬できるかどうか、といった視点で相手を判断してしまうのです。普段は穏やかなことが多いのですが、ひとたびスイッチが入ると、感情的に自暴自棄になったり、ひとりで引きこもってしまうなんてことも。これは、あなたがとても繊細な部分も持ちあわせているから。まわりがうらやむほどの成功を手に入れていても、空虚感やプレッシャーに押しつぶされてしまいそうになっていることもありうるのです。なので、苦手な分野や仕事で頑張るより、得意な技能や特技を活かす方法を考えたほうがいいでしょう。あなたは恵まれた環境、人間関係の中でこそ穏やかに過ごすことができ、力も発揮することができるのです。

運命サイクルとの付き合い方

いいことも悪いことも実現させてしまうマインドナンバー2は、常にポジティブ思考を忘れないで。たとえモヤモヤゾーンでアンラッキーな出来事に遭遇したとしても、くよくよ反芻したりせずに次のステップへ。不安や必要以上の心配は不幸を招いてしまいます。逆に愛の収穫や黄金ゾーンではその想像力を武器に行動！

MAGICIAN

FORTUNE ACTION
フォーチュンアクション

イメージすること。ビジョンを膨らませることが大事。
何もかも、ただの妄想にすぎないって諦めていませんか?
自分の可能性を自ら潰していませんか? あなたの理想の世界を描いて。

想像は、現実化への第一歩。
意味や理由なんて不要。

マインドナンバー2の人にとって、なぜ? とか、理由は必要ありません。大事なのは、好きか嫌いか、あなたの美意識やフィロソフィーに反していないか。時には、周囲にあなたの考えや個性、センスを受け入れてもらえないことがあるかもしれません。しかし、それでいいのです。凡人にあなたという生き物は納得してもらえませんから。だからこそ、どんな時でも無謀なんて思わず、大きな夢を見続けてください! ブレずに自我を通し続けてください!

のメンズ

「自分の時間軸で生きるマイペースくん」

なんとも気まぐれな彼なのです。ようやく距離が縮まってきたな、と思ったら突然よそよそしくされたり、メールの返事が来なくなったり。これ、本人、悪気ゼロ。すべては彼の脳内直感と時間軸のなせるワザ。直感力と天才肌と天然キャラは彼の大きな魅力です。しかも、このゴーイングマイウェイっぷりこそ、彼の幸運体質引き寄せのカギなのです。恋愛や人間関係に悩むと、魔術師たるパワーもダウンしがち。あなたがよき理解者となって大きな心で彼を包んであげましょう。ただし、遠慮ばかりしているとあなたの想いがちゃんと伝わっていないこともありますから、気をつけて!

マインドナンバー

世代を超えて慕われる
知識と経験豊かな人
Teacher
ティーチャー

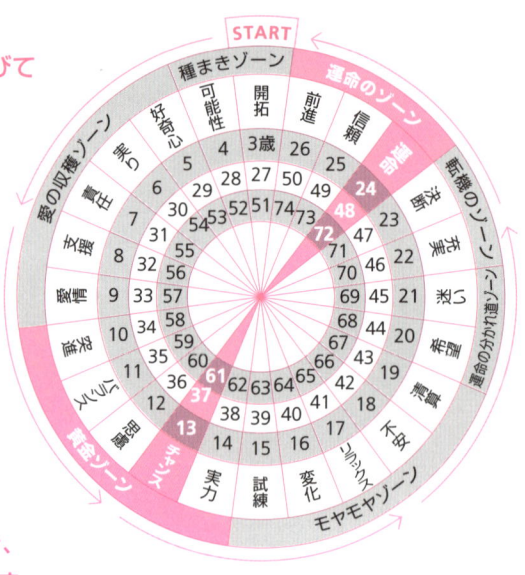

思慮深く、幼いときからどこか大人びて
見られることの多かったあなた。
成長した今、名実ともに
知性と気品にあふれ、
周囲の憧れのような存在に
なっていることでしょう。
好奇心旺盛で、
やってみたいこと、学びたいことが
いつもあるはずです。
あれこれ策略を立てるのが苦手な
あなたにとって、
人生はシンプルイズベスト。
違和感や不安、孤独、悩みの中にこそ、
あなたの幸運のヒントが潜んでいます。

―――― あなたの本質 ――――

物事を深く掘り下げて考えるのが得意。"なぜ?""どうして?"から生まれる感情があなたを次なるステージへ誘導します。だから仕事が忙しすぎて何も興味が持てない、学ぶ時間がない、なんてダメ! だってあなたの最大の魅力はズバリ"知性と気品"だから。美人が多いのもこのナンバーの特徴で、おまけにスタイルもよくて仕事もできて、誰にでも分け隔てなく接するフレンドリーなところも。有名人には、まさに女性の憧れ的存在であるキャサリン妃とオードリー・ヘプバーンがいます。そんなあなたは、完璧主義者でストイックなところがあり、周囲に甘えたり、弱音を吐くのが苦手。だから高嶺の花になりすぎて男性が手を出してこない、男前すぎる性格から女子ばかりに囲まれて……それでは、せっかくのあな

たの魅力を発揮する場がなくなってしまいます！　持ち前の優しさから、他人のことを優先しやすいところもあるので、最低限の自分の時間は大切に。あなたは年を重ねるほどに内面的な美しさが表に現れてくるタイプなので、ずっと学ぶことを忘れない姿勢が幸運体質への近道。そして、意外とお茶目な部分もあってふだんとのギャップがまた新鮮な魅力に！　時にはハメを外すことも忘れないで。

恋愛

聡明ゆえに恋には慎重で奥手なところがあるあなた。自分からアプローチしていくのは苦手、できれば男性にリードしてほしい……ましてや好きでもない人と付き合うなら、ひとりでいるほうがよっぽど気が楽、となってしまいやすいところが。さらに親身になって相談にのってあげたり、付き合いがいいため、先輩、同僚、後輩、とあなたのまわりには悩みを抱える女子でいっぱいでは？　それではせっかくの美人も宝の持ちぐされ。とはいえ、いったん好きになると彼のことしか見えなくなるのもこのタイプ。誰とでも付き合うような軽いタイプではない分、恋が始まってしまえば一途です。なので、始まった交際は長く続く傾向が。そして、その恋が終わっても彼のことを引きずってしまうこともしばしば。そのせいで新しい恋が面倒くさくなったり、また臆病になったりしてしまうかもしれません。とにかくゆっくり恋心を育てるたちなので、友人、職場の同僚などと気づいたら恋に発展していたというパターンが多め。また、頭の回転が速いので、スマートな会話を楽しめない相手には幻滅してしまうことも。相性がいいのはさりげなくエスコートしてくれる博識な人です。

結婚

結婚後もパートナーとは対等な関係を築いていけるでしょう。家事も子育ても器用にこなし、家計のやりくりも上手なあなた。本物志向でいい物を長く使いたいタイプですから、きちんとお掃除された部屋には、上質なリネン、お気に入りの食器、アンティークの家具などがセンスよくおかれ、まるでインテリア雑誌に出てくるようなおうちに。ただし、家庭でも完璧にこだわりすぎるところがあるので要注意。夫や子供に口うるさく言ったり、こまめにお世話しすぎたりすると、感謝されるどころかウザいと思われかねません。あなた自身もパーソナルスペースが大事な人なので、結婚後も最低限の自分の時間、スペースを確保するのが、家族にとっても、自分にとってもストレスをためない秘訣です。

── 仕事・キャリア ──

言われたことはどんなことでも意外とできちゃう器用なところがあります。だからこそ、自分がやりたいことと、できるからやらされていることとのギャップにモヤモヤしてしまうかもしれません。ビジネス全般に適性がありますが、好奇心の強い性質を活かし、アナウンサーやライターなどの放送、出版、メディア関係、教育、医療、専門職も適職です。情報収集力に優れているため、どんな職業についても上司から絶大な信頼を得られるでしょう。安定志向でもあるので、受験に有利と聞けば英検や数検を取得したり、学生時代には教職の免許を取ったりと資格保持者に。就職後もあれやこれやと勉強し続けているはずです。そんなあなたが仕事中毒になってしまうと、恋愛に必要なパワーまで使い果たしてしまいそうなので気をつけて。金運はどーんと一攫千金を狙うより、長〜く稼ぐタイプ。いくつになってもできる仕事に出会えることが金運を左右します。

── 人間関係 ──

ひとりの時間を愛するとはいえ、あなたは人と人とのつながりを大切にすることで幸運体質になれるタイプ。だから、いくつになってもどんな場でも、コミュニケーションを大事にし、性別、世代に関係なく仲良くすることを心がけましょう。自分自身についても客観的にとらえられる人なので、人前では、求められている自分を演出してしまう一面が。恋人の前では彼の望むような女性像を、職場では周囲に期待される役割を演じたり。用心深いあなたは、めったに相手に本性を見せることはないはず。そんなあなたが苦手なのは、輪を乱す人間、空気を読まないKYな人。自分のペースを乱されると体の調子まで乱れてしまい、いつもより余計に疲れてしまいます。それもこれもあなたがまとめ役に徹するプロフェッショナルなムードメーカーだから。ときにはぼーっと何も考えないで過ごせる、安心できるメンバーとのごはん会でリフレッシュを。

── 運命サイクルとの付き合い方 ──

運命の分かれ道・モヤモヤゾーンで悩んでしまったら、ちょっぴり人のお世話や女子会を減らして気ままな一人旅やおひとりさま行動を楽しんで。いつもは相談役ばかりで自分のことは後回しになりがちですが、弱気になったとき、落ち込んだときこそ自分を大事に。何もかもひとりで背負い込んではいけませんよ！

FORTUNE ACTION フォーチュンアクション

見聞を広める。マインドナンバー 3にとって、
最大の武器は、知識。知識が多すぎて悪いことはありません。
興味があること、好奇心がくすぐられることをどんどん学びましょう。

無関心からは、何も生まれない。あなたの心を奪われる何かに出会えた時、転機は訪れる。

やりたいことが見つからない、何もやる気が起こらない。あなたにとって、意欲がかきたてられる"なにか"がない場合、なんの変化もない日々を過ごしてしまうでしょう。でも、あなたの心の奥底には、自分を試したい、なにかやり遂げたい、必要とされたいという意識があるはず。だからこそ、あなたの心が求めている"なにか"を見つけないと、ルーティン生活から抜け出せないのです。なんでもいいからとりあえずやってみたいって思うものを探しましょう！

のメンズ

「仲間意識が強く品格を重んじる慎重派」

ちょっぴり奥手で、相手にも脈あり、と思わないと仕掛けてこない彼。教えるのが好きなので、彼の得意なことを聞いてあげて、「すごい!」「そうなんだ」といった、相手の情報力に素直なリアクションをしてあげると喜ぶはず。プライドが高いので、あなたのほうが負けじと知識を披露したり、彼よりもいい結果や点数を出してしまうとライバル視されてしまい、恋どころじゃなくなってしまいます。彼の自尊心を傷つけるようなことは絶対にNG。品格を重んじる彼は、言葉遣いやマナーにもうるさいところがあります。感じのいい話し方や敬語をマスターするのも大切。

マインドナンバー

QUEEN
クイーン

生まれながらの姫は、やがてゴージャスな女帝へと

9つのナンバーの中でも
上位に食い込む強運の持ち主。
欲しいものが手に入らない
貧しい生活や我慢なんて、
あなたの人生には似合いません。
人に使われたり、批判されたりでは
せっかくの運気も一気にダウン。
だって、あなたはいわゆる
"持っている"人。
その存在感、感性の高さ、
正義感の強さで、やがては
女王となる運命の人なのですから。
貪欲に上を目指していくことでますます
幸運体質になれる人です。

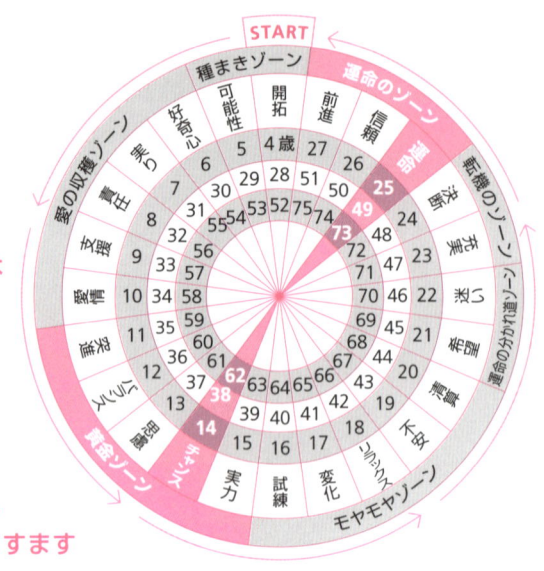

---- あなたの本質 ----

もしもあなたが今、幸せでないと感じているなら、それはあなたにマッチしないことをしているから。今のあなたの居場所は窮屈なのではありませんか？ あなたは本能的に自分の好きなことと嫌いなこと、似合うものと似合わないものを見極められる人。その感性はすばらしく、トレンドにも敏感なので、あなたが流行の発信源となることも珍しくありません。そして、なによりあなた自身がそこにいるだけで注目を集める存在感の持ち主。そんなあなたに地味な暮らしは、到底似合わないのです！ そのくらい女王は強運を持っているのです。そのパワーこそあなたのすばらしい宝物で、実際にマインドナンバー4の人は地元を飛びだし、チャンスをつかんで、アメリカンドリームを実現！ なんてことも絵空事じゃあ

36

りません。その証拠に、同じナンバーの有名人にはキム・カーダシアン、松田聖子さんといった強力メンバーが。正義感が強く、曲がったことは大嫌い。恩義や忠誠心にも厚いので嘘や不義理を見つけると、木っ端微塵に打ちのめさないと気が済まない激しい部分も。とにかく言動のすべてが目立つタイプなので妬みや嫉妬をかうことも少なくないでしょう。でもそんなことを気にしてはダメ。存在感を発揮してナンボ！　の女王たるもの、威厳を持って過ごすべき人生なのです。

恋愛

女王様であるあなたの愛情表現は直情的で情熱的。好きな人ができると必ず思いを伝えないと気が済みません。そしてなによりあなたはとても母性本能の強い人。そのため、頼りない男性を守ってあげなくちゃ！　と思う気持ちが恋愛感情に発展したり、年下の男性が頑張っている姿を見るとキュン、となったり、案外ほれっぽいところも。そして意外に押しに弱いところもあるので、熱心に口説かれると情にほだされ、気づいたらお付き合いしていた、なーんてことも！　そう、おのずと恋多き女になっていく運命なのです。サバサバとしたあなたは、同性にも異性にも友達が多く、幅広い交友関係を築くので、付き合う男性のタイプもバラバラに。年齢差恋愛、不倫、社内恋愛などいろいろな恋を経験するでしょう。もしも今、恋愛と縁遠いと感じているなら、おしゃれしていろいろな場所に出向いてみて。華やかなあなたの存在に目を止める王子様がきっと現れるはずです。

結婚

あなたがビジネスで成功を収めている場合は、たとえあなたより収入が少なくても、主夫のようにサポート役にまわってくれる男性を選ぶのもいいでしょう。あなたは、仕事も愛も家庭も同じように重んじる人。だからあれこれ忙しいあなたのライフスタイルに合わせてくれる人でないと、結婚生活は長続きしづらいのです。互いが仕事人間だと家庭はさびしく味気ないものに。フリーランスや在宅でできる仕事の人、仕事よりもあなたを優先してくれるような人がパートナーにはいいかもしれません。

結婚後もあなたは注目の的であり続けるので、ご近所やママ友のジェラシーには要注意。また、自身が能力と強運に恵まれているので、子供にもそれを望んでプレッシャーを与えてしまうことも。ほどよい距離感を保つことも大切です。

仕事・キャリア

すばらしい強運を持ち、お金や成功とも縁が深いマインドナンバー4。欲しいもの、願ったことに向かって持ち前の向上心で全力で臨むので、どんな仕事に就いてもある程度成功することができるでしょう。もしも今、仕事にやりがいを感じられないなら、それはあなたにマッチしていないから。思い切って転職する、配置換えを希望するなどして、働く意欲を燃え立たせる必要がありそうです！　基本的にトップにたつ運命にあるので、起業して大成功する運もあります。絶妙なタイミングで憧れの人に会えたり、サポートしてくれる人が現れるなど、その引き寄せ力といったら、さすが女王！　こうした自営業だけでなく、アーティスト、医者、CA、モデル、アナウンサーなど華やかな業種、接客業や販売業、営業なども適職です。自営業の場合はパートナーやスタッフにマインドナンバー5、つまり王様がいると、大成功を収める可能性がさらにアップ。ただしキャリアを積むほどあなたの態度や物言いが高圧的なものとなって、部下やスタッフに敬遠されてしまうことも。女王のもうひとつの魅力でもある女性らしさもお忘れなく！

人間関係

あなたは日頃から周囲に頼られたり、みんなを引っぱっていく典型的なリーダータイプ。威厳と自信に満ちあふれた態度にみんなが憧れ、ひれ伏します。その発言やファッション、ライフスタイル、仕事のしかたなど、あらゆる面にみなが注目し、ブームの発信源になることもしょっちゅう。仕事でもプライベートでも気づくとすべてを仕切っていたり、困っている人がいると手を差し伸べる、そんな親分肌で面倒見のいいあなたのもとには、自然と人々も集まってくるのです。
あなたのテンションが下がるときがあるとすれば、エネルギッシュなあなたにまわりがついてこれず、あなた自身がまわりとの温度差を感じてしまったとき。あっという間に心が折れて、自暴自棄になってしまう傾向があります。

運命サイクルとの付き合い方

強運に恵まれたクイーンは24年に1度ずつある「運命」と「チャンス」をめいっぱい活かして。大きなビジネスの成功、昇進、有名人になる…一見荒唐無稽に思えるビッグな夢も叶う星のもとに生まれているのですから。自信が揺らぐ時期に突入したとしても気にしない。そんな冬の時代も花開く春の前触れととらえて！

FORTUNE ACTION

自分の好きな世界を作り上げよう。
嫌いなこと、苦手な人とは疎遠になって、好きな人、好きなものだけを集めよう。
あなたに、無理する、我慢するという言葉はあいません。

わがままに生きていいのです。両手をいっぱいに広げて幸せと愛、お金を手に入れましょう。

誰がなんて言おうと、あなた自身が納得いかないものは、嫌。だってあなたは、女帝だから。だからこそ、望むままの生活を手に入れなければいけません。妥協した生活や理不尽な扱い、お金に困るなんてありえません。もし、今のあなたの生活が満足できるようなものでないならば、今すぐに理想の生活ができるように、アクションを起こしましょう。あなたには、悲しい涙なんて似合いません。いつも笑顔で、愛に囲まれた豊かな生活を送れるように!

マインドナンバー4のメンズ

「仕事も家庭も愛する理想のタイプ」

彼は仕事人間で成功運も持っているけど、仕事だけの人生なんてつまらないとも思っています。起業家も多く、出世欲もあるのですが、趣味や恋愛、結婚すればもちろん家庭だって大切にします。女心のツボを心得ているので、楽しいデートプランやプレゼントもお手の物。当然とてもモテます。そんな彼が好むのは気配り上手で礼儀を重んじる女性。挨拶やお礼をきちんと言う、パーティでお料理をさりげなく取り分ける、といった細やかな心配りにぐっとくるはず。彼自身もまたそういった気配りが自然にできる人なので、その行為に笑顔で「ありがとう」と伝えることも大切です。

5 マインドナンバー

常に自信に満ちあふれ、自ら運をつかみとる王者
KING
キング

たとえ実力以上の
オファーがきたって何のその。
ぐだぐだ悩むなんてナンセンス！
高い目標ほど燃え上がり、
仕事も趣味も思いっきり
エンジョイすることで
すばらしい人生をつかみとる。
そう、そんなあなたは
まさにキング！
地味にコツコツ、小さくまとまった
人生なんてキングには似合いません。
いくつになっても大きな夢を実現させる
あなたの辞書に「諦め」や「妥協」の
文字はないのです！

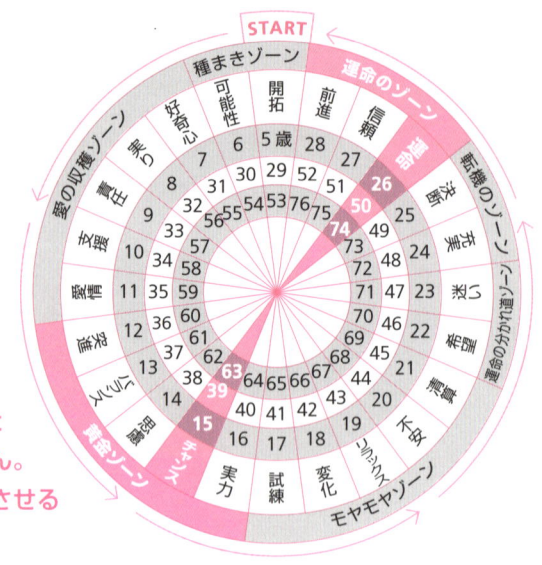

--- **あなたの本質** ---

とにかくさっぱりと竹を割ったような性格で、たとえ見た目がフェミニンでも、中身はむしろ男性的といってもいいあなた。だってキングですから！ 当然女性特有のネチネチした人間関係は苦手で、女子同士で群れたり、陰口を言ったり、ということからは縁遠いでしょう。無敵キャラで負けず嫌いでプライドの高い自信家。さぞかし今まで困難にぶつかってきたはずです。そしてそれを弱音を吐くことなく、自らの努力で乗り越えてきたはずです。一度やろうと決めたことは、最後までやり遂げる努力を惜しみません。そんな勝ち気なところが他の人には到底真似できない、あなたの魅力でもあるのです。アンジェリーナ・ジョリー、ビヨンセがこのナンバーと聞けば、納得しませんか？

おまけに頭脳明晰で決断力もあって、その姿はまさに国を統治する王様。次から次へと欲しいものを手に入れていきます。もし、まだ望むものを手に入れられないでいるなら、周囲の言葉に耳を傾け過ぎてしまって、あなたらしい判断力が損なわれてしまっているのかも。うっかり迷ったり足を止めることのないよう、いつでも自分のやりたいこと、進むべき道を明確にしておきましょう。そして誇り高いあなたらしくいること。それこそが幸運体質への直行便です！

恋愛

キングには魅力的な人が多いのも特徴です。異性から口説かれることも多いのですが、あなたは容易に心を許すことはないはず。どんなに熱心にアプローチされてもあなた自身が彼のことを好きにならなければ始まらないからです。仕事ができるキャリアウーマンで、みんなの憧れの存在になることも多いため、男性関係も派手だと思われがちですが、意外と恋愛経験は少ないはず。妥協して付き合うくらいなら仕事を頑張りたいわ、と言いよる男性をスルーした思い出、ありませんか？　ですが、あなたに好きな人ができたなら話は別。いい恋愛関係が続くよう、努力は惜しみません。そのため、いざステディな関係が始まると何年も関係が続きます。あなたが好きになれるのは、注目するような個性や発想がユニークな男性。ウワサに聞こえた遊び人、モデルのようなイケメン、天才肌のアーティスト、セレブ男など、あなたの好みは実に個性的。普通の男性には魅力を感じません。だってあなた自身がカリスマ性と成功を手に入れられる人なんですから。

結婚

あなたにとって結婚は記号のひとつなのかもしれません。してもしなくても大差なく、入籍にもさほどこだわりません。強烈な仕事運を持つキングは、結婚後も仕事を続けたほうがその才能と運勢を無駄にせずにすみます。仕事に夢中になるあまりタイミングを逃して、晩婚傾向が多いのもキングの女性の特徴です。結婚後も家庭を顧みず仕事に走り過ぎると、家族がさみしい思いをすることになりますから、ふだんから会話やスキンシップはこまめにとることを心がけて。子供にはおやすみ前の読み聞かせや添い寝、子供の就寝後はダンナさまとのんびりワインでも飲みながら夫婦の時間を過ごすようにしましょう。そうすることで、あなたは愛に家庭に仕事に、成功することができるのです。

仕事・キャリア

クリエイティブな才能に恵まれたあなたは、芸能、ファッション、マスコミ関係など、華やかなムーブメントを起こすような仕事のほか、飲食店経営、趣味から始めたハンドメイドショップの経営、デイトレーダーにも向いています。自分の得意分野で才能を発揮できる一匹狼で、マンネリが苦手。ルーティンワークや事務作業などは苦痛で耐えられないはず。お金に縁があるので、金融、公認会計士、税理士にも向いています。努力家ゆえ高学歴な人も多いので弁護士や医師、教授なども適職です。仕事の場ではストイックな姿勢が敬遠されたり、若い時から頭角を現すカリスマ性が嫉妬の対象となり、人間関係で苦労をするかもしれません。しかし、そんなことには負けない精神と負けん気の強さがあなたを成功へと導いてくれるはずです、負けないで！

太っ腹なところもあり、成功してお金を手にすると物欲、浪費癖が顔を出すかも。大きな買い物をするときは、ちょっぴり慎重に。

人間関係

好き嫌いがはっきりしていて、そもそも嫌いな人とは仲良くしないし、陰で悪口を言うといった卑怯なことはしません。自分が親しくなりたいと思う人には積極的に近づいていきますし、人間関係においてなにか納得いかないことがあれば本人に直接、問いただすはずです。あなたは、よくも悪くも自分を持っている、はっきりした性格の人。もしも誰かがあなたに卑劣な行為をしたら、一生許すことはありません。納得できないことの前では自分を翻すことはないのです。どんな周囲の意見よりも、あなたは自分の心に耳を傾けます。だからピンチに陥ったときでも周囲の声に左右されることはなく、自分自身で考え、答えを導き、ピンチを幸運やチャンスに変えてしまうでしょう。そして、成功をつかみとるキングはなんといっても体が資本。病気になる前に予防することを意識して。

運命サイクルとの付き合い方

誇り高き統治者であるキングにとって運命サイクルとは自分のペースでこなしたい存在。でもちょっと待って。強い運を持っているからこそ、サイクルの波を利用して人生をさらなる幸運でいっぱいにして。勝負のしどころを「チャンス」と「運命」に絞って根回しするのもいいでしょう。好機は逃さず最大限に活用！

5 KING

FORTUNE ACTION フォーチュンアクション

夢を叶えるまで何度でもトライ。勝利という言葉は、あなたのためにある。
もっとも成功者に多いナンバーだからこそ、
うまくいかない時ほどチャンスの兆しととらえていくつもりで！

どんなことが起こっても自分の人生を歩いているなら大丈夫。なんとなく過ごしているならばあなたの人生は始まってもいない。

全マインドナンバーの中でも最も成功者が多く、お金に困らない生活ができる人。だから、もし、えっ？　仕事うまくいってない……、お金に困ってます、という人は、あなたらしい人生を歩んでいないのかも。あなたは、観客として舞台を眺める人ではなく、みんなにドラマを見せることができる主役なのです。だから、遠慮したり、誰かの影に隠れてたり、やりたい仕事につけていないのは、NG。みんなを引っ張っていくことができる選ばれし王者なんです！

マインドナンバー 5 のメンズ

「黙って俺についてこい、の単純明快男」

9つのナンバーのメンズの中でも一番、男らしく頼りがいのある彼です！仕事も趣味も恋愛もバリバリこなす、今時珍しい肉食系。お金にも縁があってステータスを手に入れる運を持っている彼を狙っている女性も多いはず。才能豊かで将来有望な彼はプライドの高さも人一倍。みんなの前で笑い者にしたりとか、彼の前で別の男子のウワサも厳禁です！　元カレの話なんてとんでもない！　絶対的な王者の彼と円満に付き合う秘訣は、彼を立てて三歩下がって歩くような女性でいること。実はとても単純で男らしい彼ですから、ここだけ気をつければ、実は扱いやすいタイプです。

マインドナンバー 6

好奇心旺盛で思いやりあふれる人生の伝達師

MESSENGER
メッセンジャー

ものごとをわかりやすく
伝えることにたけ
持ち前の好奇心と知識欲でかちえた
経験、情報、知識を惜しみなく
まわりに伝えるメッセンジャー。
おまけに聞き上手ときているから
みんなのメンターとなり
多くの人から必要とされます。
興味をもったことはとことん
突き詰め、気づくとその道の
プロフェッショナルとなっていることも。
思いやりに満ち、人を喜ばせることの
好きなあなたは男女を問わず
多くの人々に愛されるでしょう。

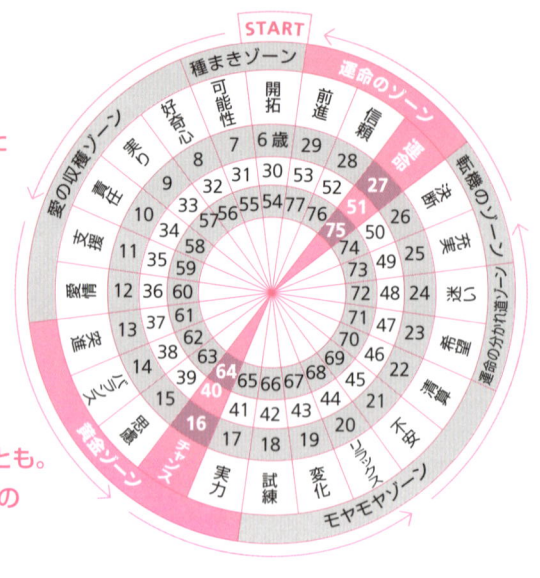

― あなたの本質 ―

人の喜ぶ顔を見るのがなによりも好きで、そのために自分の持つ情報や知識、経験などを惜しみなく、そして上手に周囲に伝えることのできる人です。しっかり者に見えて意外と抜けているところもあり、「天然ちゃん」よばわりされたとしても、みんなから親しまれている証拠です。老若男女問わずさまざまな相談事を受けることも多いはず。若いころからしっかりしていて、ときには年上の人にでもテキパキとアドバイスをすることもできるため、みんなから一目おかれる存在のはず。思慮深く慎重であるため、いわゆる大器晩成型です。年を重ねるごとに魅力的に、そしてますます周囲からの信頼を得て、輝いていく人。ときにはスロースターターな自分を歯がゆく思ったり、次々と成功を手にする同世代の人々

6 MESSENGER

を見て焦る気持ちも生まれるかもしれませんが、心配無用。本来あなたは頭の回転が速く、コミュニケーション能力が高くて、話し手にも聞き手にもなれる伝達と話術の達人です。そんなあなたの知的好奇心を刺激してくれる人との出会いと交流が、必ずや幸運体質を招いてくれます。今でも強い影響力を持つマイケル・ジャクソン、モデルから女優、執筆と幅広く活躍する杏さんがこのナンバーです！

恋愛

あなたは、義理人情に厚く仁義を重んじる人。決して誰かを騙したり、裏切ったりはしません。そして少々完璧主義で潔癖性の一面も。そして、なんてったって趣味が読書やイラストを描いたり、ペットと遊んだり、と、ひとりの時間がまったく苦じゃないのです。それでもって、ちょっぴり恋のきっかけに"疎い"ウブなところも。相手があなたのことを想っていても、はっきり口に出して言ってもらわないと気がつかないタイプなんです。さらに自分からアプローチするのも苦手。一生懸命アタックしたつもりが、彼からは「好意を持ってくれているのかな」ぐらいにしか思われません。でも！だからって、恋愛を諦めたり、どうでもいいや、なんて思うのはナンセンスですよ！ まずはきっかけ探しから始めましょう。奥手なあなたが恋にめぐり合うには、共通の趣味や話題を持てる相手を探すこと。そして自分からアピールするときは、わかりやすいアタックを心がけて。

結婚

人のお世話が好きでおもてなし上手なあなた。交際中も彼を家に招いて手料理をふるまったり、センスのいい洋服を選んであげたり。もちろん結婚後も夫のために、栄養バランスを考えた献立を考えたり、家をきちんと整えたり、有能な妻となるはずです。ですが、やさしいあなたはちょっぴり我慢体質なところが。ちょっとした彼のいやなこと、不満などを言えずにためてしまう傾向があります。それがストレスとなり、どんどんたまってある日一気に爆発!……そんなことにならないよう、ふだんから彼への不満やリクエストは口にするよう心がけて。また、相手の喜ぶ顔が見たくてなんでもはりきって頑張ってしまうところがあるので、手抜きや息抜きを学び、効率よく家事に取り組んで。仕事も子育ても家事も"やらなきゃ"という思い込みがストレスになりますよ。ときには夫や子供に手伝ってもらって、家事をコミュニケーションツールにしてみましょう！

仕事・キャリア

「伝える」ことに優れるあなたは、教えてあげたり、人前で話すといったことが苦じゃないはずです。なので、セミナーやワークショップの講師や、企業やブランドのPR、広報のような業種が向いています。また、「伝える」というのは文章で伝えることも含めてのことなので、ライターやブロガー、漫画家なども無縁の仕事ではありません。みんなをまとめる調整役にもなれるし、ひとりで集中して作業することもできるので、どこにいってもどんな職場でも重宝されるでしょう。理系文系の両方に適性があり、医療関係、研究開発などの分野、文筆、出版関係、学問、教育関係には特に向いています。自分が前に出て目立つよりは、サポート役、2番手3番手にまわるほうを好みがち。努力を惜しまず、経験、実績をていねいに着実に積みあげていく、典型的な優等生タイプといえます。

人間関係

清潔感があり、フレンドリーなあなたは誰からも好感を得られます。助けを求められるとはりきってサポートする姉御肌な一面も。ときにはその親切心を利用するしたたかな人が近寄ってくることもあるので要注意。でも、メッセンジャーであるあなたにとって、人と人をつなげる、人にいいものや知識を伝えることは、使命でありやりがい、もっといえば生きがいなのです。さらに人のことを話したり、人の話を聞いてあげるのが得意なので、まわりに女子が集まりやすく、気がつくといつも女子しかいない、なんてことも。こうした相談にのってあげたり、人のためになにかしてあげることは、あなたの幸運体質をどんどんアップグレードしてくれますよ。気をつけたいのは、他人の言動が気になって、考え過ぎてしまう面があること。意識して神経を休め、あなたなりのストレス解消方法を見つけることが大切です。ひとりになって自然の中を散歩したり、プチ旅行に行ってみるのもいいでしょう。

運命サイクルとの付き合い方

我慢強く、甘えるのが苦手なあなたは、自分の運勢が不安定なときでも人の面倒を見てしまいがち。モヤモヤゾーンでは少し頭と心のデトックスを。愛の収穫ゾーンでの「責任」「支援」の時期は本領発揮のときといえます。まわりとのあれこれを連携させて人脈を広げ、黄金ゾーンでのチャンスに備えましょう。

6 MESSENGER

FORTUNE ACTION フォーチュンアクション

みんなで何かを成し遂げる。あなたは、人と人をつなげたり、誰かのフォローをしたり、教えてあげたり、手伝ってあげるのが得意な人。世のため、人のため、自分のため、になる何かをはじめましょう。

どんなに怖くても、不安でも、最初はみな同じ。経験を重ねることで人を導く存在に。

あなたは、男性的な部分と女性的な部分をバランス良く兼ね備えています。だからこそ、プレッシャーで落ちている男性の苦悩も、何をやっていいかわからなくなっている女性の気持ちも理解することができます。そんなあなたのまわりには、助けを求めてくる人でいっぱいでは？　みんなにとってのあなたは最高のオアシス。あなたの得た情報や学んだこと、やってきた経験をみんなのために使えることができると、満ち足りた生活を過ごすことができるでしょう。

マインドナンバー 6 のメンズ

「清く正しく美しく、を生きるクリーン男子」

ちょっぴり神経質で潔癖な面もある彼。こだわりも強く、いくつかのマイルールがあったり、見た目が派手であっても根は几帳面でまじめ。礼儀やマナーを気にするので、彼と会うときは「きちんと感」を忘れずに、清楚な印象のファッションをチョイスしましょう。また、彼の前ではお酒の飲み過ぎに注意。酔って馬鹿騒ぎするような女性は軽蔑していて、本命の彼女に酒乱の女性はまず選びません。ふだんは人の相談相手になることも多い彼なので、あなただけでも彼の話をじっくり聞いてあげて。彼が個人的な話や悩みを打ち明けてくれたなら、それはあなたに心を開いている証です。

7 マインドナンバー

人生は恋と愛で満たされる……
愛されるほど強くなる愛の人

LOVER
ラバー

全マインドナンバーの中でも
恋愛体質ナンバー1!
美しいもの、美味しいもの、
いいものを好む
生まれながらのプリンセス体質。
好きな気持ちは止められない、
そんな愛に満ちたあなたは
自分で努力して
成功を勝ち取るよりも、
仕事ができる男性と一緒になって
成功を手に入れるほうが、らしい人生。
人生の愛を信じて疑わない人だからこそ、
恋によって、幸せにも、不幸にもなる
運命なのです。

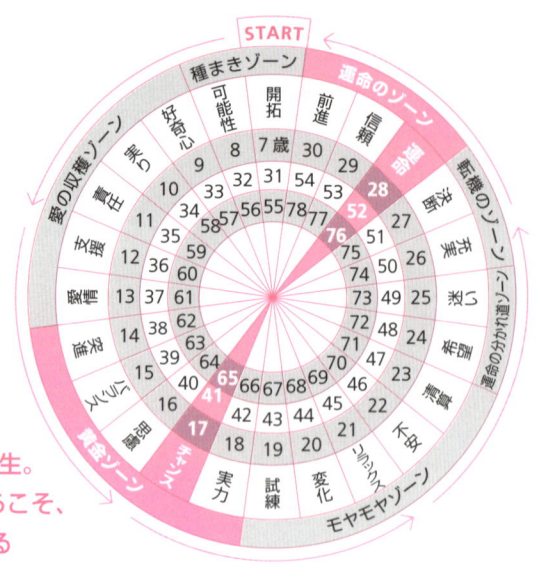

--- **あなたの本質** ---

正真正銘、愛に生きるロマンティストです! あなたにとって恋愛や愛情は人生においてなくてはならない空気のようなもの。もっといえば、あなたにとって恋愛は究極のビタミン剤で栄養補給となるスペシャルなものなのです。だからいい恋愛をすることで、幸運体質となっていき、いい人生を歩めます。恋をしているときと恋をしていないときではまったく変わってしまうのが、あなたの運勢やオーラ、言動です。恋をしているときは、どんな困難も乗り越えられるエネルギーにあふれ、どんなに忙しくたって仕事も恋も両立させてしまいます。反対に、恋が途絶えたり、彼が近くにいないとテンションは下がりっぱなし。小さな失敗や忘れ物などミス連発です。また、意中の彼と同じ趣味を始めたり、彼の好きなこ

7
LOVER

とを取り入れるようとするため、好きになった男性の数だけ知識や経験が増えていき、あなたの人生は豊かになります。これだけ愛情深いということは、つい相手にも見返りを望んで、うまくいかないとひがんだり、他人をうらやんだりする傾向が。これは運気を下げてしまうので注意して。愛に生きたマリリン・モンローや元イギリス王妃、ダイアナ妃がこのナンバーです。

恋愛

とにかく恋多き女性です。全マインドナンバーの中でもっとも恋愛体質で、愛情深く、大切な人には愛情を惜しむことなく与える人。それは恋愛に限らず家族や友人、ペットに対してもです。たとえ片思いでも、憧れの彼のことを考えてキュンキュンしていたい人。もちろん一目ボレはしょっちゅう、運命の恋も信じ、年の差恋愛も遠距離恋愛もなんのその。ときには既婚者との秘密の関係に溺れることさえも。とにかく、恋愛はあなたの人生において、必要不可欠なんです。そんなあなたの恋がうまくいっていないときは、そのつらさゆえに現実逃避をしてしまうかもしれません。繊細な心の持ち主であり、フラれることが怖い寂しがり屋の一方、相手を遠ざけてしまうような矛盾した心の持ち主でもあります。彼があなたの思うようにならないときは、つい素っ気なくしたり、気持ちを試すようなことをしたり。こうやってあなたの世界は恋愛で彩られていくのです。なので付き合う相手にはくれぐれもご注意を。素敵な男性と付き合えば人生はバラ色に、だめんずと付き合えば運気も下降してしまいますから。

結婚

このようにパートナーによって運勢が左右されるところがあるマインドナンバー7は、独立心旺盛な彼と結婚すると、一緒にビジネスを立ち上げることになったり、彼が転勤族なら国内外の赴任先を転々とすることになったりするかもしれません。それほど、あなたの人生はパートナーによって影響されていきす。また、結婚後にもあなたが魅力的で素敵な女性でいるためには、彼がどれだけあなたを愛し、大切にしてくれるかにかかっています。彼からの愛が感じられなくなると、よそに愛を求めてしまうかもしれないので、ふたりの時間は大切にしてください。共通の趣味を楽しんだり、子供がいないときにはふたりだけの時間を楽しむなどしてみるのもいいでしょう。

仕事・キャリア

根っから人をひきつける魅力と華麗なオーラを持っているので、モデルやCA、ファッション関係、美容、接客業など、華やかな仕事もむいています。アートやデザイン、インテリアなどの美的センスも優れているので、セレクトショップやアパレル関係のバイヤー、ブランドのプレスなどもおすすめです。ただし、気をつけたいのは、職場や仕事関係の人とすぐに親密になってしまうこと。もともと恋愛体質なわけですから、同じ職場の上司や後輩から言い寄られつい……ってことがあるかも。また、人の前で激しく怒るなど、自分の醜い姿を見せたくないので、内心では怒っていたりイライラしていても、まわりに適当に調子を合わせることができます。そんな人当たりのよさは職場のなかでも評価され、交渉や接待などに駆り出されることも多いでしょう。

人間関係

好きな人ができるとすぐにわかる、いわゆる彼氏ができた途端、女友達との付き合いが悪くなる、というタイプ。みんなの前で平然とのろけ話をしたり、女子会に恋人を連れて来るなど、周囲が呆れるバカップルぶりを披露してしまうかも？ 女友達に恋バナを延々とし過ぎると、やっかまれたり、軽い女のレッテルを貼られてしまうので気をつけて。ときには女友達だけで旅行に行く、友達の話もきちんと聞いてあげるなど、バランスよく交際や会話を楽しむことも大事です。基本的には愛されキャラなのですから、男女両方、年上からも年下からも慕われることを目指しましょう。

なにしろあなたは、誰かを愛し、愛され、あなた自身がその愛を味わい尽くすことで幸運を引き寄せていくのですから。愛に満ちあふれた人生を、思いっきりエンジョイしましょう！

運命サイクルとの付き合い方

マインドナンバー7にとって、愛の収穫ゾーンはまさに人生のターニングポイント。この時期をどう過ごすかによって人生が決まるといっても大げさではありません。モヤモヤゾーンではだめんずにひっかからないよう注意。下手な男と付き合うくらいならしばらくは恋を休んでも、くらいの気持ちで慎重に。

7
LOVER

FORTUNE ACTION　フォーチュンアクション

お姫様扱いしてくれる人を探す。
あなたは、とても繊細なロマンティストでプリンセスタイプ。
だからこそ、あなたが強がって雑草魂で生き抜くのは似合いません。

つかみ取るよりも与えられる幸せを増やして。
歯を食いしばって生きるような生活は、毒。

苦労や我慢、忍耐、努力は、あなたの運気をダウンさせるワード。あなたは、生まれつきのプリンセス。綺麗なものや美味しいもの、素敵な空間がお似合い。そんなプリンセスのまわりにどんな人たちがいるかで、あなたの人生も大きく異なります。強く駄目出しするような人、暴言を吐く人、めんどくさいことを押し付けようとする人は不要。ほめられて伸びるあなたには、どんな時でもあなたを一番に考えてくれる味方がいちばんです！

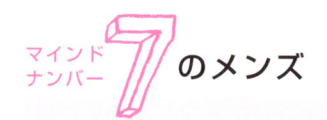

マインドナンバー 7 のメンズ

「愛情深きロマンティストくん」

寂しがり屋でロマンチスト。もしも今彼がフリーでいるなら積極的なアプローチをすれば、両思いになれる可能性大です。女性にはいつもきれいでいてほしいと思うタイプなので、彼の前ではいつも女性であることを忘れずに、髪型、メイク、コーディネートといった身だしなみに気をつけて。そうでないと、恋愛至上主義者でもあるので、とたんに気持ちが冷めたり、よそに目がいってしまうところも。さらに、返事が遅い、リアクションが薄い、ノリが悪いことも嫌います。彼と付き合うには、まずはあなたの恋愛スキルを上げることが必須事項といえそう。

マインドナンバー 8

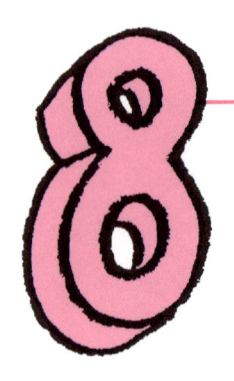

努力と学びにゴールはなし。
夢に向かって突き進む戦士

FIGHTER
ファイター

常に全力！ 常に最大限の努力！
ひたすらストイックに
夢を叶えていくタイプ。
どんなことも
中途半端にすることはできない、
納得できないことには流されない、
誠実、正義、純粋、実直を
貫く気持ちは天下一品。
突き進む目標を見失うと
腑抜けになるほど、
努力と学びで人生の道を切り拓き
大出世や大成功を自分の力で勝ち取る人。
底抜けにタフな熱き闘志の
ファイターなのです！

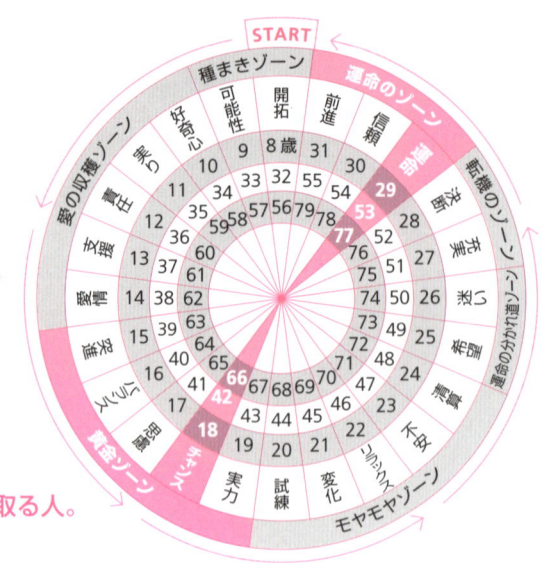

―― あなたの本質 ――

誰よりも正義感が強く、強い信念を持って突き進んでいける人。曲がったことが大嫌いで納得できないことには、たとえ周囲を敵に回すことになったとしても流されることはありません。それだけあなたは「自分」というものを持っています。でも、その個性が強いままだと、生意気だと言われたり、本質を理解してもらえず、苦しむこともあるかもしれません。本来のあなたはピュアで実直でデリケートな人。常に変化を求め、夢を叶えるためにまっすぐに進み、その夢を叶えるための強い精神力と引き寄せ力を持っています。もちろん自分自身にもストイック。夢の実現に向けて努力を惜しまないのはもちろん、困難や障害にぶつかったならば、なんとか乗り越えようと燃えるタイプです。あなたは、本来は穏やか

8 FIGHTER

なのですが、こういった局面となると猪突猛進、困難が大きければ大きいほど燃える、まさにファイター！ マンネリ、惨めな姿、挫折、同情、敗北……そんな言葉はあなたの人生には存在しません。だからこそあなたはファイターなのです。プライドと品格、意地をかけて戦うのです。怖がらずにどんどん突き進むことによって道は開かれます。ハリウッド女優からモナコ公妃となったグレース・ケリー、スーパーモデル界のカリスマ、ナオミ・キャンベルがこのナンバーです。

恋愛

周囲からはタフガールに見えても、実は彼の前では甘えん坊でキュートな女の子になっちゃうツンデレ系。短い恋を繰り返すより、ひとりの相手と長く深く付き合うタイプで、妥協した相手や好きでもない人とは決して付き合うことはないでしょう。好みのタイプははっきりしていて、見た目がイケメンとかだけではなく、中身も重視し、尊敬に値する人というのは欠かせない条件。仕事ができる人を好む傾向があり、あなた自身が努力や学ぶことが苦ではないため、相手にもそれを望みます。うっかりすると「俺と仕事どっちが大事なの？」なんて言われかねないことに。仕事だけでなく、恋愛よりも興味があるものができると即座にそちらを優先してしまうところがあるからです。ですが、あなた自身は恋人から軽んじられることを嫌います。彼からのこまめな連絡や愛情表現がないと、イラッとしてしまうことも。でも、お互いに気持ちが通じあってさえいれば、ほどよい距離感を保ち、自分の時間を持つほうがストレスなく、恋愛を続けられるタイプ。毎日ベッタリよりもメリハリのあるお付き合いのほうがいつまでもフレッシュな関係を保てるでしょう。

結婚

自分の力で道を拓いて進むあなたは、結婚後も新しい幸運をどんどんつかんでいける人です。持ち前の努力と向上心で、仕事と家庭、子育ても両立させ、理想の結婚生活を築いていきます。何事も諦めない、という精神から、どんなに忙しくてもなにかをおろそかにすることはなく、邁進していくのです。なので、もしも、キャリアか育児か、といった選択の局面に遭遇しても、どちらも諦める必要はありません。あなたは努力で両方成し遂げられる人です。が、ときどき仕事に物理的に追われてしまい、夫や子供とのコミュニケーションが不足してしまうかもしれません。そんなときは無理せずに、周囲に協力してもらって！

仕事・キャリア

夢に向かってまっすぐ、根気とガッツは全マインドナンバーの中でもトップクラス。とくに好きなことや興味があることはどんなに難しくても、ものすごい集中力で乗り越え、モノにしてしまいます。ひとつの道を極める生き方がもっとも向いているため、スポーツ選手をはじめ、舞踊、歌、演劇などの芸能関係、職人や技術者、学問の分野、医療関係が適職です。カリスマモデル、個性派俳優、スポーツ選手などにマインドナンバー8はたくさんいるのですよ。根気と持続力があるので、調査といった仕事にも適性があるし、頭の回転も速いので、細かい数字を扱う仕事、たとえば金融関係や会計士、税理士なども適職です。堅実派なので貯蓄面もしっかりしています。こんな風にバリバリのキャリアウーマンになれるあなたですが、唯一乗り越えられないのが、最初に嫌だと感じた仕事を続けること。直感力が優れているため、そのファーストインプレッションはたいてい当たっているのです。なんの根拠もない、その自信、信用してよし！

人間関係

カンが鋭くて直感が当たることが多く、いちど苦手だなと思った人とはなかなか親しくなれません。上辺だけの付き合いが苦手だから、本当の友達と呼べる人はごくわずかでしょう。そして理論的で、弁の立つ人が多く、口ゲンカであなたに勝てる人はなかなかいないはず。誰かがあなたにケンカをふっかけてこようものなら、有無を言わせず完膚なきまで論破して言い返すでしょう。でもそれは相手があなたに攻撃を仕掛けてきた時だけ。ふだんのあなたはサバサバとゴーイングマイウェイ。自分の時間をとても大切にします。やりたいこと、調べたいことがたくさんあるので、ひとりの時間が苦ではありません。どちらかというと団体行動よりは気心の知れた友人数人と過ごすのが性に合っています。他人をうらやむということもほとんどありません。

運命サイクルとの付き合い方

人生がモヤモヤとつらい時期でも全力で立ち向かうのがファイター。「試練」「リラックス」「不安」の時期でも、あがき続けてしまうでしょう。こうした時期は休息、と考えてひと休みする、チャンスに備えて充電することも大事です。逆に「チャンス」「運命」においては、フルスロットルで幸運をつかみにいきましょう！

FORTUNE ACTION フォーチュンアクション

あなたの最大限の魅力は、どんな時も曲げない意志。
自信を持って人にあなたの考えや好きなことを話して。そうすることで、
あなたのファンがどんどん増え、困った時に必ず手を差し伸べてもらえます。

あなたのことは、あなたしか理解できない。だからこそ、自分の道を信じるしかない。

あなたは、人を惹きつける独特のカリスマ性を持っています。だから妬まれたりあなたのことをよく思っていない人、勝手にライバル視している人がいるかもしれません。そんな時、めんどくさいから目立たないようにしよう、おとなしく過ごそう、なんて思ったら絶対にダメ。あなたの存在感を消してしまうことになります。あなたは、なき道を開拓していくファイター。人とは違うこと、好きなことを追求することで、運気がどんどん開かれていきます。

マインドナンバー 8 のメンズ

「ひとりの時間を大切にするミステリアス人」

スケジュールの組み立てが上手で、休日、大型連休の時などぱっぱっと予定を入れていくタイプです。どうしても行きたい場所には思い切って出かけていく行動力と、集中していると恋人や家族に相談なしで決めてしまうマイペースなところも。警戒心が強いので、初めから自分のことはペラペラ話しません。そんな彼とは時間をかけて仲良くなっていくのが正解。また、人間関係に疲れやすいところもあるので、ひとりの時間も大切にするタイプです。そんな彼のほうから連絡をとってきた場合は、あなたに気のある証拠。すぐにレスポンスを返してあげて。

マインドナンバー 9

大胆さと繊細さ、ふたつの顔を併せ持つバランス感覚人
Balancer
バランサー

ポジティブさとネガティブさ。
現実主義とスピリチュアル思想。
大胆さと繊細さ、強さともろさ…
本質を示す言葉が示すように
ふたつの顔を持つあなた。
なにからも束縛されずに
自由でいたい。
いつも現状に満足することはなく
常に理想と現実の間で揺れ動く。
創造と変化を繰り返し、
あなたの世界は作られていきます。
ブレない軸を持つことで本能のまま、
感覚のまま、幅広いジャンルで
活躍できるマルチクリエイター!

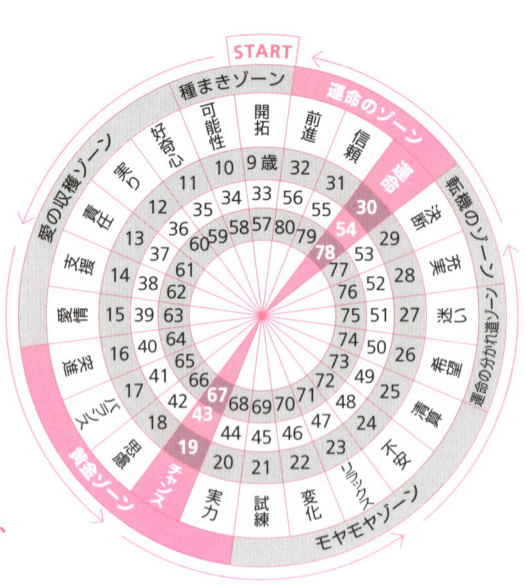

―――― あなたの本質 ――――

いつもピースフルで争いを好むことなく、自分の幸せだけではなく、周囲の幸せも考えることができる人です。親しみやすくフレンドリーで人をひきつける笑顔の持ち主のあなたは、周囲の人と分け隔てなく付き合うことができるし、面倒見がよく、困っている人を放っておくことができません。嫌われ者の上司、ドジな後輩、手がかかる彼氏、年老いた両親……あらゆる人たちのために助っ人として手を差し伸べるでしょう。そのテキパキと面倒見のいい性格は年下や内向的な男性から慕われますが、あなた自身も根っからのお世話好きなので頼られるのは嫌いではないはず。そしてあなたの本質と人生に大きく関わってくるのが「2」という数字です。たとえば、ふたつの国を行ったり来たりすることになったりなど、ふ

たつの場所にご縁があったり、早い年齢で実家を出て自分のマイホームを持ち、家がふたつになったり。それ以外でも起業することで2回の転職、昼と夜などのふたつの顔、2回の結婚、ハーフ、そしてときには二股の恋に落ちてしまうなど、とにかく「2」に縁があるのです。あなたの人生にはとにかく「2」が影響するのです。有名人には、なにかとマルチに活躍するミランダ・カー、ジゼル・ブンチェンが！

恋愛

誰とでも分け隔てなく付き合えるあなたは、女友達も男友達も、さらにはゲイ友まで、幅広い交友関係を持っています。いつも気さくで陽気なあなたは基本的にモテる人。そしていざ自分に好きな人ができると、いてもたってもいられなくなるでしょう。恋する気持ちを抑えることができず、突発的に大胆なアプローチをしてしまうことも。でもそのピュアでストレートな言動が男心を絶妙に刺激します。なので、あなたは自分の感情に素直に行動することが大切。とはいえ、時にはその唐突な行動がまわりを戸惑わせたり、相手を引かせてしまうことも。恋多き女＆肉食系ともいえるあなたは、気になる人が現れると、それまでの彼からあっという間に乗り換えた、なーんて記憶はありませんか？　そして、意外にベタな演出に弱いので、おしゃれして一流ホテルでディナー、突然花束をくれる、など、パートナーはそんなロマンティックなセンスのある人がいいでしょう。誠実な人、仕事にストイックな人、年を重ねても色っぽい人が好みです。

結婚

あなたは結婚後も、女性らしさを忘れません。産後に太ってしまったりとか、ふだんは化粧もせずにジャージを着っぱなしのおばさんと化してしまうのも嫌いです。だから、結婚後に、パートナーがおじさん化してしまうのは絶対に許せません。あなたのセンスでオシャレにコーディネートしてあげると、彼はいつまでも魅力的な人でいられるでしょう。ただし、気が利くあなたがあまりにあれこれ世話を焼いてしまうと、彼は調子に乗って、ますますだらしなくなってしまうかも。そもそも共働きなら、始めから相手を甘やかさず、家事や育児などを少しずつ分担するなど、居心地がよい結婚生活を築きましょう！　またこのナンバーの人は「授かり」婚か、晩婚の傾向があるので、気に留めておいて。

仕事・キャリア

才能の引き出しが多く、多方面で活躍する人も多いでしょう。起業してふたつの会社を作ったり、異なるジャンルのビジネスを掛け持ちすることもあります。仕事では常に攻めの姿勢を貫く人。面倒見もよく、失敗して落ち込んでいる同僚や部下がいればさりげなく相談にのったり、愚痴を聞いてあげる姉御肌。さらに、鋭い洞察力の持ち主であり、手強い(てごわ)プロジェクトや難しい仕事もあなたの手にかかれば見事に達成されてしまうことでしょう。そんなあなたは適応力もあるため、どんな職業に就いても大丈夫。副業にも縁があり、メインの仕事以外にバイトをしたり、友達となにかビジネスを計画するかも。あるいは、夢を叶えるために、昼も夜も働くなど、ふたつの仕事をかけもつこともあるかもしれません。あなたは行動的で常に変化を求め、ビジネスのスリルを味わうことにも抵抗がなく、交渉の駆け引きといったことも大好き。あなたの才能を発揮できる環境で仕事を進めると、メキメキと結果を出します。

人間関係

みんなと賑やかに過ごすのも、ひとりで過ごすのも好きなタイプ。たくさんの人と交流することが幸運を招くので、出かける時間もバランスよくキープしましょう。ですが、とてもピュアなところがあるので人間関係で傷ついてしまうと、情緒不安定になってしまうところが。出会いの場では、初めから変な人や危険人物には近づかないように、自ら予防線を張ることが大事です。そうでないとタフなあなたも、人間関係に振り回されてしまって自分らしさを失ってしまいます。あなたを精神的にも安定させ幸運体質にしてくれる人は、なによりもあなたがあなたらしくありのままでいられる人なんです！　実はスピリチュアルな世界にも縁あり。見えない力によって引き寄せられ、偶然出会った人、偶然訪れた場所、偶然担当した仕事が人生を大きく変えるきっかけになることも。

運命サイクルとの付き合い方

器用なバランサーは過酷な状況もうまく好転できる才能を持っています。ピンチのときほど実はチャンスのサインです。モヤモヤゾーンのときは次のステージを目指して勉強したり土台をしっかり構築してチャンスに備えましょう。"私なんて"と思わず大きなことに挑むほど、あなたらしい幸福を手にするでしょう。

9 BALANCER

FORTUNE ACTION
フォーチュンアクション

人生でひとつしか選べないということはありません。
あなたは、人よりも多くのものを手にする選ばれた人。
「いいのかしら、多くを望んで」って思うかもしれませんが、いいんです。

信じるものがあれば、あなたは強くなれる。大事なもの、守りたいもののためならあなたは何でもできる。

絶対や永遠なんてない。あなたが心変わりした瞬間、いつも転機が訪れているのです。だから、計画がずれても、思ってもいない方向に進んでも、大丈夫。あなたは、どのナンバーよりも多くのことを経験し、どんなトラブルも乗り越える力と知恵を持っているのですから。もし、今の人生に違和感を感じているのなら、いつでも変化することを恐れずに前進しましょう。自然とやってくるタイミングを待っていては、軌道修正に時間がかかるだけですから。

マインドナンバー 9 のメンズ

「自分に自信あり、のプライド高め男子」

彼は、同時進行でふたつのことを考えたり、なんでもできるマルチな人。いろいろなことに手を広げて落ち着きのない人といった印象を持つことがあるかもしれません。でも、彼は、ひとつひとつ地道に仕事をこなしていくより、いろいろなプロジェクトを同時に抱えるほうが効率も良く、望む結果を残せるのです。彼からは頻繁に連絡が来るときもあれば、連絡が急に途絶えることも。忙しく動き回っているから晩婚か、結婚してもバツイチになりやすいので気をつけて。単純なので実は手なずけるのは簡単です。母親のような大きな気持ちで見守って！

COLUMN 1

\数字に潜むパワーはこんなところにも！/
あなたの携帯電話番号の運勢を知ろう！

ふだん、何気なく使っている携帯電話の番号にも意味があるってご存知ですか??
ゲン担ぎ、縁起物を大事にする香港、中国では、縁起のいい電話番号は、
何百万、何千万という驚く価格で取引されることもあるそう。
そんな、アジアのお金持ちが気にする携帯番号の運勢を占ってみました！

1 まず、占いたい電話番号を書いてください。
例：0×0-3781-4964　（注：ダミーの番号なので、実際にお電話するのは、やめてください）

2 そうしたら、最初の3桁　090、080などの部分は、除外します。
自宅や会社の番号を占うなら、03、04、09などの市外局番の部分は、省いてください。
例：3781-4964

3 その番号を表す数字の横に、一番下にある表を参考に言葉を当てはめます。
例：3=恵まれる　7=幸運　8=お金　1=絶対
4=なくなる　9=永遠に　6=愛　4=なくなる

4 これで、番号の全体運の流れがわかります。そして、全部の数字を足し、
出た合計の数字に、やはり下の表を参考に言葉を当てはめます。
例：3+7+8+1+4+9+6+4 = 42　　4=なくなる　2=簡単に

5 これで、キーワードがわかります。
さらにその数字を全部足して、下の表の言葉を当てはめます。
例：4+2=6　　6=愛

つまり、この携帯番号の運勢は、幸運とお金には、恵まれるのでしょうが、
愛がなかなかやってこない。簡単に愛が冷める、終わるってことでしょうか。

暗証番号や車のナンバー、記念日を決めるときの参考にも使えますよー！
ぜひ、やってみてください！

1 絶対	2 楽に	3 恵まれる	4 なくなる	5 舞い込む
6 愛	7 幸運	8 お金	9 永遠	0 使ってなくなる

＊この数字の意味はイヴルルド遙華のオリジナルとなります。この意味をSNSなどに投稿してしまうと、意味の言葉を逆算すれば、自分の電話番号がバレてしまうので、悪用されないためにも、自分の持っている携帯の運勢は、絶対に発表しないようにご注意ください！

第 3 章

自然界の
エレメンツが教えてくれる
ハッピーな人間関係

生年月日
から導き出す
ネイチャーフォーチュン
占い

互いに関わりあっている自然界の中で
あなたはどんなエレメンツの
持ち主でしたか？
それがわかれば人間関係に
おいては百人力！
まわりの人や憧れの人も
占っていけばどんどん
ハッピー＆ラッキーな発見があるはずです！

TREE

木星人

空に向かって
すくすくと育つ樹木のように
穏やかでまっすぐな
心を持つ努力家

あなたのエレメンツである「木」は、
二酸化炭素を吸収して酸素を放出してくれる、生物にとって欠かせない存在。
と同時に、まぶしい新緑や鮮やかな紅葉で見る人を癒す魅力も持っています。
だから、あなたも多彩な分野で活躍しつつ、周囲の人々からは
「癒される存在」として慕われているはず。
また、木の枝がさまざまな方向へ枝分かれしていくように、
あなたの興味や好奇心も多くの分野に分かれていくことが多いでしょう。
そうやって得る知識と経験こそ、木星人の幸運体質へのカギ。
持ち前の好奇心がなくなってしまっては、可能性はしぼむばかりです。
あなたは情報や知識、人脈などを養分とし、どんどん成長していけるのです!

木星人の個性

何事にもマイペースで、自分が納得するまで、物事に全力で取り組みます。たとえそれが苦手なことでも周囲から期待されると、それに応えるべく努力し弱音を吐きません。むしろ周囲が求める姿に、自らの形を変えようとする努力までするほど! なぜなら木から家具ができたり、家を作ることができるように、状況によって形を変えることができるのが木星人。たとえば天海祐希さん。彼女は宝塚で男役のトップへ上りつめたあとは女優へと軽やかな転身を遂げました。バレリーナから女優になった草刈民代さん、アイドル時代から多彩な活動をこなし続けてしてきた小泉今日子さんも、みんな木星人。もしやりたいことが、今の仕事とはまったく関係なくても悩まないで。成長し続けるのが木星人の特徴であり、成功の秘訣です。

木星人

───── ポジティブ面 ─────

自分が納得するまでは決してYESと言わない、ちょっぴり頑固でストイックな面もある木星人。こだわりも強く、自分に厳しい分、他人にも厳しく正直であろうとするゆえに、時に周囲から「融通の利かない人」と思われてしまうことも。けれどもそれを気にする必要はまったくありません！　こうしたこだわりや決断が、結局はあなたに幸運を引き寄せます。そしてそんなあなたはまわりから見ると非のつけどころのない完璧な人間に見えるでしょう。でも、根が謙虚なために、自分に高すぎる点数をつけることはありません。とはいえ、努力の結果、いったん自分に自信を持つと、ぐんぐんと才能と成果を発揮。アーティストタイプなのでデザイナーやクリエイティブな仕事、歌やダンス、演技などのタレント性もあるので、芸能の道に進むのもありです。高い目標を掲げてこそ大きな大きな大木になります！

───── ネガティブ面 ─────

木星人は自分に厳しいゆえに、ストレスをため込んでしまう傾向があります。そしてそのストレスが見た目にも現れやすいので要注意！　我慢の限界がくると、日照りで木が枯れるように体調や心のバランスを崩してしまいます。たとえ、大きな病気とまではいかなくても、大人ニキビや食欲不振、生理不順、不眠症といった不調に悩まされる人もいるでしょう。運気もダウンして、見た目も枯れ果ててしまっては、どんどん自信がなくなって、負のサイクルにハマってしまいますよ！　ストレスはため込む前に発散！　を心がけましょう。また、迷ったときこそ、人のアドバイスを聞くのはほどほどに。自分で考えて、自分で決断することが大事です。

───── フォーチュンアイテム ─────

カラー	グリーン、カーキ	ネイル	グリーン系、カモフラージュデザイン
ファッション	葉っぱ柄、エスニック柄、柔らかい生地	フード	根菜、サラダ、ナッツ、果実
アイテム	観葉植物、エコ商品、オーガニック、マクロビ	ストーン	アベンチュリン、翡翠、プレナイト、ペリドット
スポット	公園、森、自然に包まれる場所	アロマオイル	ユーカリ、ティートゥリー、ペパーミント
メイク	跳ね上げライン、小悪魔風	旅先	フィンランド、アイスランド、ノルウェー、スウェーデン

人間関係での役割

あなたは自己プロデュースが上手な人。自分に似合うものと似合わないものがよくわかっています。さらにイメージする理想の自分でいられるよう、努力は惜しみません。「周囲の期待に応えたい、周囲を感動させたい」という気持ちが常に根底にあって、それがさらに才能を磨くモチベーションとなっていくのです。

ただし、そんな姿が、時には周囲の人からとっつきにくいと思われることも。たまには素直に弱音を吐くなどすれば、グッと人間味が増し、まわりとの距離感も縮まるはずですよ。それから、シャイなので初対面の人の前では口数少なくしていると、タカビー、とか怖い、って誤解されてしまうことも。さらに美人が多いのも特徴で、ちょっとした発言が嫉妬の対象となったり、敵をつくってしまったり……。人間関係がめんどくさく感じてしまうこともあるでしょう。

恋愛・結婚

好きな人や恋人には、献身的に尽くしてあげたい、と願うのが木星人。彼の家に遊びに行ったときや、あるいは結婚してからも、家事をテキパキとこなし、得意の手料理を振るまって、すぐに彼の心を虜(とりこ)にしてしまいます。どんな男性でもあなたの手にかかればイチコロでしょう！ 結婚後も仕事に家庭に趣味に、と忙しく過ごすはず。樹木が、さまざまな目的のために伐採されたり、暖をとるために燃やされたりするように、木星人は自己犠牲の精神の持ち主。でも、ちょっと待って！ 気づいたら相手はのんびり極楽でラクチン、なのに、あなた自身は尽くして尽くして心身ともにくたくた……なんてことにならないよう気をつけてくださいね。

TREE
木星人のメンズ
「つかみどころのないマイペース男は"ホメ殺し"で」

個性が強く、つかみどころのないマイペースさが木星メンズの特徴。この間は気のある素振りを見せたのに、今日はなんだか冷たい態度……なんてのはよくあること。なのに自分は単純明快人間と思い込んでいるから厄介です。そんな木星メンズにはおおらかで優しい心で接してあげて。彼に悪気はないのです。ただマイペースなだけ。木が上へ上へと生長するように、ほめるとご機嫌になってのびるタイプなので、機会を見つけてはほめちぎりましょう！

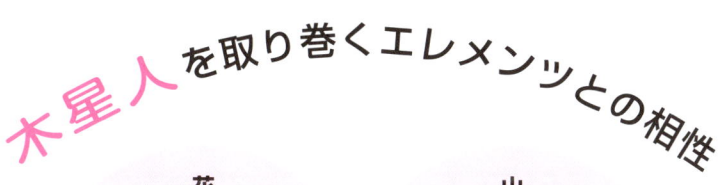

木星人を取り巻くエレメンツとの相性

花
甘えん坊の花星人を受け止めて
ちょっぴり甘えん坊の花星人を面倒くさいと感じることも？ でもそのやさしさが癒しになることもあり。木星人には苦手なこまめな連絡やごきげんとりが上手に付き合う秘訣。ライバル視されると大変。

山
いいヒントをくれる重要人物
木が生長するには、いい肥料が必要なように、あなたには欠かせない人。恋人でも友達でもビジネスパートナーでも、いると安心な存在。長い時間を過ごせば過ごすほどよさがわかるベストパートナー。

鉄
プラスにもマイナスにもなれる相性
ハサミとなって木を細工したかと思えば、のこぎりとなってバッサリ……鉄星人とは互いに相反する関係を築ける。それさえわかっていれば思いもかけない一面を引き出してもらえたり、好関係に。

大地
居心地のよさを感じるキーパーソン
どっしりとおおらかに構える大地星人は木星人にとって頼もしく、居心地のいい存在に。一見地味で堅実な大地星人を最初は物足りなく感じるかもしれませんが、互いにわかりあえればよき理解者に。

海
多趣味とノリのよさでたちまち意気投合！
多趣味で多彩なふたりは即意気投合、なんてことも。でも、海星人は自由人。自分のペースを乱されてイラッとすることも。いい関係の維持には適度な距離感が必要。イベントをしかけるには好相性。

キャンドル
やたらと振り回されないよう、要注意！
トレンドに敏感で自分スタイルにこだわるキャンドル星人はとても刺激的で魅力的な相手。穏やかな木星人は時として振り回されることも。自分のペースを乱されないような関係を築いて。

木星人

木
互いに支えあってパワー2倍！
同じ星人同士、支えあい高めあえる関係で、まるで兄弟姉妹のような存在。力を合わせれば大きな可能性を産み出せる。お互いのペースを尊重し、なんでも話し合える関係に。

雨
恵みの雨のごとくプラスになる存在
木の生長には欠かせない雨。木星人にとってはおのずと尊敬のまなざしで見てしまう相手に。でも自由気ままな雨星人のペースに合わせすぎると、ちょっとしんどいかも。ほどよい距離感を大切に！

ダイヤモンド
互いに一目置きあう異種キャラ同士
センス抜群のふたりは共通点が多くてなにかと話が尽きない好相性な組み合わせ。でも恋人となるとたまに相手のことがわからなくなってしまうことが。こまかいコミュニケーションが大事に！

太陽
パワフルな相手とは適度な距離感を
木が育つために必要な太陽だけど、その光が強すぎると枯れてしまう原因に。愛情深く、仲間意識の強い太陽星人だけに、ほどよい距離感を持つことが長くうまくやっていくコツに。

FLOWER

花星人

咲き誇る花のように
華やかオーラを身にまとった
愛され上手さんは
生まれながらのアイドル!

10星人の中でも、もっとも華やかで
うっとりするような魅力とオーラを持つ花星人。
おしゃれや外見にも気を使い、セルフプロデュース力も抜群。
出会った人を一瞬で虜にするなんて、朝飯前です。
そんなあなたに我慢ばかりの人生なんて、まったく似合いません!
自分のまわりを好きなものであふれさせて、もっともっと欲張って!
自分へのダメ出しなんて言語道断!
だってあなたはほめて、ほめられてどんどん綺麗に、幸運体質になれる人。
夢や希望は、大きすぎることはありません。そのかたわらに
あなたを甘やかし、大事にしてくれる友達がいれば運気は最高!

花星人の個性

花のごとき愛されオーラで自然とまわりに人が集まってくる花星人。自分の見た目を大切にするので体型や服装にも気を使い、流行にも敏感です。そのセンスのよさももちろんですが、なんといっても花星人の魅力は笑顔。いつもニコニコしていることはそれだけで幸運体質を引き寄せますよ! 周囲から注目を浴びることを好み、生まれつき華やかで、意識しなくても目立ってしまう花星人は、マドンナやビヨンセ、大島優子さんといったスターやアイドルにとても多いのも特徴。それほど存在感とオーラに満ちあふれた人なのです! ココ・シャネルやアナ・スイも花星人で、好きなことを貫き通したことで成功をつかみ、自分の人生においても大輪の花を咲かせた女性たちも。そんなあなたに小さな人生は似合いません!

花星人

―― ポジティブ面 ――

カリスマ性抜群、いつもみんなの中心にいて憧れの存在であるあなた。そんなあなたは人前に出てナンボです。なので、周囲から注目を浴びる仕事がぴったり。俳優、モデル、アイドルといった芸能関係、受付嬢、PR、CAなど、華やかな職業を目指しましょう。もしもごく普通の会社員として働いていても、知らないうちに目立ってしまい、会社の顔としてフィーチャーされる立場になることも。また美への感覚が鋭いのでカリスマ美容師やメイクアップアーティストとして注目される可能性も。あなたが持つたくさんの才能と輝きを伸ばせるよう、人が集まる場所などにもどんどん出向いていきましょう。そうやって注目されることがあなたの花の水となり、養分となり、幸運体質をどんどん加速させていくのです！

―― ネガティブ面 ――

あなたは、運も強く、どんなことがあってもなんとか乗り越えられたはず。でも、いつも誰かが助けくれるから、そのうちなんとかなるでしょう、とあぐらをかいていると、足元をすくわれかねません。大事な局面では、地道な努力を忘れないようにしてください。また、花星人は常に自分が世界の中心であるため、集団の中にいてもつい自分の話ばかりしてしまうところがあります。さらに言うならちょっぴり「かまってちゃん」なところも。そんなあなたを誰もが可愛いと思ってくれるわけではありません。ときには周囲を見渡して、聞き役になってみることも大事。あなたは十分目立つオーラを持っているのですから、むしろ少し周囲を立てることで、さらに輝くことができるはずです。

―― フォーチュンアイテム ――

カラー	ピンク、パープル	ネイル	ラブリーなデザイン、レース、リボン、ハート、花柄モチーフ
ファッション	花柄、派手なデザイン、ミニスカート	フード	スイーツ、美食家なので、美味しいものを知り尽くしている
アイテム	花、ディフューザー、ハーブティー、マカロン	ストーン	アメジスト、アメトリン、クンツァイト、ローズクォーツ
スポット	花畑、流行のスポット、ラグジュアリーな場所	アロマオイル	ローズ、ラベンダー、ローズマリー
メイク	ピンクチーク、ガーリーテイスト	旅先	ニューヨーク、パリ、フィレンツェ、オランダ

人間関係での役割

咲くも枯れるも、あなたのまわりの人ととりまく環境しだい、なところがあります。過酷な職場だったり、いい仲間に恵まれなければ、花は枯れて朽ち果ててしまいます。だからといって、ワガママ放題でいると、本来あなたを支えてくれるはずの人たちが、気づくとまわりから消えていなくなってしまいます。花は、土と水と太陽、そして何より手入れをしてくれる人がいなければ美しく育ちません。

たくさんの経験を積んで人脈を広げることも、あなたの未来にはとても大切なこと。だからこそ、自分を育ててくれ、サポートしてくれる周囲の人々のことはいつも気にかけ、大事にしましょう！

恋愛・結婚

「恋をしてこそ女!」。そう宣言できるほど、あなたの人生において恋愛は運命と同じ。華やかで愛され上手な花星人には当然モテる人が多く、彼氏が途切れたことがないという人も珍しくありません。そんなあなたのタイプは、自分にふさわしい、自慢できるようなルックスや肩書を持つ人。目に見えるスペック重視派です。さらに花星人はチヤホヤされることが好きなので、愛するより愛されたい派。でも苦しい追いかける恋よりも大事にされる恋を選んだほうがハッピーに。相手から突然花束を贈られたり、素敵な夜景を眺めながらの食事など、ベタな演出に弱いロマンティストでもあります。そんなあなたの恋が冷める時は、彼が忙しくてかまってもらえなくなった時や、付き合ううちにデートが手抜きになってきた時。愛に生きる花星人は、ほったらかしにされることに耐えられないのです。

FLOWER
花星人のメンズ
「さびしがりやで甘えん坊の彼には甘〜い夢を」

アイドルやイケメンに多いのが花星人のメンズ。ロマンティストでやさしい彼は第一印象から心ひかれる存在でしょう。彼は自分をチヤホヤともちあげてくれる華やかな女性が好み。また、主導権を握りたいタイプなので、あまりガツガツ女性のほうがリードしてしまうとひいてしまいます。かけひきのし過ぎや彼の返事を焦らしていると別の女子のもとに行ってしまいますよ！　長い付き合いならば、すっぴん、ボサ髪、手抜きコーデばかりだと彼のテンションが下がってしまうので気をつけて。

花星人を取り巻くエレメンツとの相性

木
互いのことをわかりあえ気楽に過ごせるよきパートナー
木に咲く花があるように、互いを理解しあえる好相性。同じ植物系なので一緒にいて安心感もあり。上司だと話しやすい友達のような感じに。母娘なら姉妹のような仲良し関係を築いていける。

山
おおらかな山のふもとで花は咲き乱れる!
頼りがいのある山星人のもとでは、まさに、自由に咲き乱れる花々のようにのびのびとできるはず。でもちょっぴり頑固な山星人を無理やり自分色に染めようとするとプライドを傷つけるので要注意。

鉄
ときにはバッサリやられてダメージも
頭の回転が速く、ズバズバものを言う鉄星人は、引っ張ってくれる頼もしさと、その上から目線&頑固さに振り回されてダメージを受けることも。うまく手の上で転がすぐらいの余裕を持って接して。

大地
いちばん甘やかしてくれる必要不可欠な存在
あなたが素直に甘えられる貴重な存在。人生において絶対必要な人なので、大地星人の知り合いがいるのといないのとでは大違い。職場でも友達でも大地星人に囲まれるほど、幸運を引き寄せる!

海
ロマンティックな関係が築ければOK
愛らしい花星人を、まさに蝶よ花よ、とちやほやしてくれる海星人。でも、ほかに気になることができてしまうとサーっと波が引いてしまい、連絡が突然途絶えたり。付き合うには相当な覚悟が必要に。

キャンドル
ほどよいと刺激に、べったりはドライフラワーに
植物に光が必要なようにキャンドル星人の前向きな思考やポジティブさはあなたを勇気づけてくれるはず。怒らせると怖いタイプなので、嘘やごまかしは禁物。近すぎると花がしおれてしまうので注意。

花星人

花
ワイワイ遊ぶの大スキ!ふたりそろえば無敵!
互いに華やかな雰囲気を持つ花星人同士は、目立つこと、楽しいことを互いにわけあったり、与えあったり、楽しい時間を共有できそう。でもマウンティングしだすと面倒で……。

雨
束縛を嫌う気まぐれやさん
華やかでルックスのいい人を好む雨星人にとって、花は理想の存在。いろいろアプローチもしてくるはずですが、気まぐれでマイペースなのも雨星人。束縛やルーティンを嫌うので要注意。

ダイヤモンド
才能きらめく華やかさでは対等!
華やかさで唯一花と対抗できるのがこのダイヤモンド。カップルならば人もうらやむ最強ペア、仕事仲間なら競い合えるよきパートナー&ライバルに。似たもの同士なので、小さなケンカには注意。

太陽
あなたの成長に必要な光の存在!
愛情深く仲間意識も強い太陽星人は、花には欠かせない存在。でもそのパワフルさゆえに、フェミニンな花星人はペースを乱されたり、疲れてしまうことも。必要な人だからこそ、距離もキープ!

SUN

太陽星人

太陽のエネルギーが
世界に不可欠なように
明るくポジティブなあなたも
唯一無二の存在

あなたの主星は、大空でさんさんと輝く太陽。
そう、あなたは10星人中、もっとも前向きなエネルギーにあふれた人！
太陽は、植物をはじめ、すべての生き物が育つうえで不可欠なものです。
だから明るく陽気なあなたのまわりにはいつも人が集まってきませんか？
太陽の輝きがあせることのないように、太陽星人の
バイタリティも尽きることなく、いつもちょこちょこ動き回っています。
人のお世話も大好きで、ときにはそれが行き過ぎて、
相手から「ウザい！」なんて思われてしまうこともありそう。
でも、小さなことでくよくよしたりは禁物！
ポジティブ思考こそ、あなたの幸運体質の最大の要なんです。

太陽星人の個性

万物に恵みを与える太陽のエネルギーが象徴するように、あなたのバイタリティとポジティブ思考はすばらしくパワフル！　陽気でワイワイ盛り上がるのが大好きで、周囲までも明るくする、まさに太陽のような存在。夢を叶える能力も非常に高く、もちろんそのための努力は骨惜しみしません。いつもテンション高く、誰とでも気軽に話すことができるのも太陽星人の長所ですが、他者との距離をつめすぎると、その強すぎるパワーで相手を疲れさせてしまいます。もし「あれ？　私、太陽っぽくない？」と思った人は自分をおさえていませんか？　強い影響力とカリスマ性を持つ太陽星人の有名人にはパンクの女王と呼ばれたデザイナー、ヴィヴィアン・ウエストウッド、アーティストのマライア・キャリー、と個性炸裂の有名人がズラリ！

太陽星人

ポジティブ面

おしゃべり上手で朗らか、どんな話にもオチをつけて笑いを誘うあなたは、まさに生まれながらにして太陽のようにまぶしい存在。行動的でエネルギッシュで、太陽星人には数多くの経営者やカリスマ創業者がいます。学校で習う勉強は嫌いでも、好きなことに対しては研究熱心で、結果的にその道のプロになることも少なくありません。ルーティンワークや組織が苦手なので、好きなことを仕事にするのがおすすめです。独立精神も旺盛で、学問よりも働くことが好きだし、仕事が大切な存在に。働きながら、自分のやりたいことを見つけて起業する人も多いのです。負けん気が強く目標が高いほど実現化の可能性も高まります。海外とのつながりが深いので、そこで仕事を見つける可能性も。なので、リフレッシュは旅に限ります！

ネガティブ面

とにかく明るくてフレンドリーだけど、実は本音を話せる人は少ないのが太陽星人。男女ともに声の大きい人が多く、身振り手振りも大きなアクションが特徴なのですが、実はこのアクション、シャイな一面をカバーする照れ隠しだったりもするのです。基本的には平和主義者である太陽星人ですが、礼儀やマナーのなっていない人を前にすると、瞬時に頭に血が昇る短気な面も。いったんそうなると烈火のごとく怒りの炎を相手に浴びせます。また、根っからの仕事大好き人間が多く、遊びの中からも仕事のアイディアを得るほど常に頭がフル回転。仕事以外の趣味も見つけないと疲弊してしまうことに。たまには自分のエネルギーを放出しなければ、空回りしやすくなってしまいますよ！　ダンスやヨガなど無心になれる趣味もおすすめです。

フォーチュンアイテム

カラー	レッド、オレンジ、ゴールド、イエロー、ワインレッド	ネイル	赤ネイル、明るめカラーで華やかに
ファッション	大きい物、オーバーサイズ	フード	スープ、肉料理
アイテム	絵葉書、切手、太陽モチーフ、王冠モチーフ	ストーン	ブラッドストーン、インカローズ、フローライト
スポット	神社仏閣	アロマオイル	カモミール、グレープフルーツ、レモン
メイク	ナチュラル肌、フレンドリーオレンジチーク	旅先	ハワイ、台湾、香港、ミラノ、フランス

人間関係での役割

この世界になくてはならない太陽は、時に強すぎるぐらいのエネルギーを発することがあります。なので、周囲の人との距離感には十分な配慮を。仲間とワイワイ騒ぐイベントを開くのが大好きなあなたですが、この手のノリが苦手な人もいるので参加を強制するのはNGです！　また、太陽星人は礼儀正しい人が多いため年上にかわいがられ、強い影響力を持つので「ついていきます！」と言ってくれる年下のサポーターがつくこともしばしば。どちらもあなたにとっては幸運のカギです！　腰が低くフレンドリーなため、バカにされたりオチに使われたりすることも。でも太陽星人の怒りスイッチを押してしまうと年上だろうが年下だろうが関係なくぶつかっていきます。ヘラヘラしてるように見えて、敵に回すと怖いのが太陽星人！

恋愛・結婚

太陽星人の恋愛は、良くも悪くもラテン系で情熱的。一度好きになったら恋の炎は、そう簡単には消えません。しかも白黒ハッキリ、ただちに思いを告げなきゃ気が済まないという、積極的な一面も。そのうえ、お付き合いの先にはきちんとした未来を望みます。恋は猪突猛進でも、人生設計はしっかり。仕事もキャリア志向なので恋愛も計画的に進めたいのです。ちょっぴりコントロール魔のため、彼にあれこれ指示しすぎてウンザリさせてしまうことがあるので要注意。もうひとつ心配なのは、もしもあなたが高給取りだったり経営者だったりする場合、パートナーがヒモになりやすい傾向が。割り切って彼に家のことや仕事を手伝ってもらって、あなたは仕事に専念したほうがストレスがないかも。

SUN 太陽星人のメンズ
「地球を明るく照らす太陽マンには古風なオンナがきく！」

感情の動きがすぐ顔に出て、本能のままに生きるのが太陽メンズ。彼は、いくつになっても子供っぽいところがあり、そのピュアさがまた魅力でも。太陽が宇宙から地球を見下ろしているように、基本的には俺様中心のオラオラタイプ。世話好きで親分肌で、回りくどい言い方やネガティブな発言は大嫌い。だから彼へのアタックはストレートにいくのがいちばんです。女性にもわかりやすさを求めるので、フェミニンで女らしいファッションは鉄板。両親を大切にする古風な女性が好みです。

太陽星人を取り巻くエレメンツとの相性

木
つかみどころのない　魅力ある存在
真っ正直な太陽星人にとってはどこかミステリアスで、そこがまた魅力的に見える木星人。でも話せば話すほど木星人の天然キャラにびっくりしてしまうかも。しっかりコミュニケーションを。

山
心配性のマイペースさんは　明るく励ましてあげて！
動かざること山のごとしの山星人は、ちょこまか活動的なあなたにとってはもどかしいときも。持ち前のポジティブ思考でリードしてあげて。逆に山星人の慎重さや根気は見習うべき部分。

鉄
盾となって守ってくれる　頼もしさ
ときには厳しいお小言もありますが、それは、うわべだけのお付き合いや言動が嫌いな鉄星人が心底あなたを思ってくりだす言葉。困ったときには頼もしい盾となって守ってくれるはず。

大地
太陽をがっちり　受け止めてくれる頼もしさ
あなたのあふれるパワーをしっかり受け止め、気をまわしてくれる頼もしいパートナーに。根気強く辛抱強いため、わがままや気まぐれも、おおらかな心でがっちりと受け止めてくれるはず。

海
まさにバカンスのような　楽しいペアに！
まるで南国のビーチを思わせるような組み合わせ。火と水、という正反対のエレメンツですが、互いにないものを欲してひかれあうことに。ただし、基本の考え方は真逆なので自分のペースは大切に。

キャンドル
似た者同士、　気が合えば最強ペアに！
同じ火系のエレメンツなので意気投合する確率はかなり高い。でも互いに自我も強いため、意見が対立すると大ゲンカに発展しがち。実は繊細なキャンドル星人なのでたまにはほめてあげて。

太陽星人

太陽
互いの自己主張が　ぶつからなければOK
個性が強くて喜怒哀楽が豊か、自己主張もはっきりしたふたりなので、すっと通じあえるかと思えば、ぶつかると大炎上！ なんてことにも。気持ちがすれ違わないよう気をつけて

雨
正反対の性質だからこそ　ひかれあうことも
現実主義の雨星人とポジティブな太陽星人は正反対の気質。それゆえ、恋に落ちたりビジネスパートナーになったり、と何かと縁のある関係に。アイディアマンである雨星人のサポートを受けると◎。

花
母親のようにやさしく　見守ってあげたくなる
華やかな花星人は太陽星人にとっては気になる存在。一緒にいるとくつろげるけど、ちょっとめんどくさく感じることも。相手の性別を問わずやさしい母親のような気持ちで接すると、いい関係性に。

ダイヤモンド
輝きを放つ者同士　刺激しあえる関係に
才能きらめくダイヤとまばゆく輝く太陽は、互いに刺激的で発展しあえる関係を築けるグッドパートナーに。好きなことを共有して、ふたりで協力しあえば、すばらしい成功を手にすることも！

CANDLE

キャンドル星人

ゆらめく炎でやさしくまわりを照らす
ヒーラー的存在の人。その姿は
自らを燃やすキャンドルそのもの

周囲をやわらかく照らすキャンドルを主星に持つあなたは、
見る人の心にほっと安らぎを感じさせます。
キャンドルの炎は、自らの身を削ってまわりを元気づけるヒーラー体質の象徴。
自分がどんなに疲れていても、困っている人のために動き、
人に尽くし、ボランティアにも励む思いやりにあふれたあなた。
その姿は凛として強そうにも見えますが、実は繊細な人です。
正直で、好き嫌いがはっきりして、ときには
その献身的な行為で疲れきってしまうことも。
忘れないで。燃え尽きないキャンドルというものはありません。
ときには自分を癒してあげることも大切です。

キャンドル星人の個性

困っている人や落ち込んでいる人を見たら声をかけずにはいられないあなた。ボランティアにも興味があり、すでに何かしらの支援活動に関わっている人も少なくないはず。疲れていても弱音を吐かずに他者を励まし、率先して会話を盛り上げ、団結力を深めていくあなたは組織には欠かせない存在。なのになかなか評価されず、ただいいように使われただけで虚しさを感じることもあるかも。でも、安心して。あなたの努力や気遣いを評価してくれる人は必ずいます。"どうせ"とモチベーションがダウンしてしまうとキャンドルの炎は消えたままになってしまうので注意。そのカリスマ性は10星人の中でもピカイチ。『プラダを着た悪魔』のモデルとなったアナ・ウインター、永遠のミューズ、ケイト・モスなど、伝説的なカリスマが。

キャンドル星人

ポジティブ面

熱いハートと強い影響力を持つあなたは、年上からはおもしろいやつだと可愛がられ、後輩からは慕われるため、まわりに人が集まります。いろいろなことに興味を持ち、行動力もあるだけに、こうして多くの人と触れ合ううちにあなたの頭の中には次々とアイディアが浮かび、ネットワークを広げていきます。コミュニケーション能力を高めることでどんなことも思いのまま！　実用的なアイディアがフッと思い浮かび、大ヒット商品やブームの火付け役になることも珍しくありません。もうひとつこの星人の特質なのが、おしゃべり上手なところ。トークのプロを目指してもいいくらい、あなたの口は達者。また、プロ意識が高くストイックな面もあるので、身体を鍛えるのが好きな人が多いのも特徴です。

ネガティブ面

キャンドル星人は、熱いハートの持ち主で正義感が強いため、着火も早い……すなわちすぐにカッとなってしまう傾向が。火がついたら最後、炎は燃え盛り大変な事態を招くこともあるので注意。また、とても献身的で、できることは何でもしてあげる、という傾向があるので、ビジネスなどは金銭的な部分も明確にし、シビアに取り組むことも必要です。身を削るように働いたのに、最終的に他の誰かにいいとこ取りをされて終わり、なんてことにならないように。必ず肝に銘じてほしいのが「燃え尽きないキャンドルはない」ということです。あなたのパワーにも限界があります。無意識に「疲れた」とこぼしているときは、パワーが風前の灯火である証拠。人のお世話はしばらくお休みして、自己メンテを優先して。

フォーチュンアイテム

カラー	レッド、ワインレッド、オレンジ、ゴールド、イエロー	ネイル	赤ネイル、新作デザイン、人とはちがう個性的なものを。
ファッション	シンプルコーディネート、ヴィンテージ調	フード	スパイス、火鍋、焼肉、焼鳥、ステーキ
アイテム	キャンドル、本、DVD、トレーニング道具、花火、アロマ	ストーン	ジェット、トルマリン、オブシジアン、ルビー
スポット	サウナ、スポーツジム	アロマオイル	ムスク、ローズウッド、レモングラス
メイク	真紅のリップ、女の子も憧れる健康的なセクシー	旅先	ハワイ、日本、ベトナム、モロッコ、イビサ島

人間関係での役割

本来は引っ込み思案で、ひとり静かに過ごすのが好きなキャンドル星人ですが、誰かが近くにやって来た瞬間、その人のための気遣いスイッチが入ります。相手を楽しませるための労力は惜しまないあなたなのです。当然、家族や友人、仲間をとても大切にし、困っている人を見捨てることはできません。こんなに真っ直ぐな心の持ち主のあなたは多くの人の信頼を集めますが、なぜか素直になれず、強がってしまうところがあります。いつも人々を明るく照らす存在であるせいか、弱さを見せるのはプライドが許さないのでしょう。そんな、まっ正直な性格ゆえに、言いたいことを言わずにはいられない！　と手厳しい言葉をまわりに発してしまうのも特徴。言った後は気分がスッキリするものの、相手とのご縁も終了ということにもなりかねませんので、そこは慎重になって。

恋愛・結婚

好きになったら、まわりも目に入らないほど一途に相手を追いかけます。一途ゆえ、片思いしてるだけで妄想が高まり過ぎ、実際に付き合った途端に恋の炎が燃え尽きる、なんて拍子抜けの事態にも。もちろん、恋人に献身的に尽くす傾向もあるため、やり過ぎて重いと思われてしまう可能性が。自分本位な尽くし方をしないよう気をつけましょう。キャンドル星人は基本、ワーカホリック。一生懸命仕事をしてたら婚期を逃してしまった、という人も少なくありません。ときには仕事への情熱はセーブし、恋愛に時間を割くことも大事です。また、困っている人は放っておけない＝ダメ男に引っかかる危険あり、ということでも。だめんずにはくれぐれもご注意！

CANDLE キャンドル星人のメンズ
「見た目と裏腹なロマンティスト。プライドの高さに要注意」

眼光鋭い人が多く、無口だったり、キツイ物言いをしたり、とっつきにくい塩対応が多いのも特徴。でもそれは彼のシャイな性格のなせるワザ。本当はキャンドルの炎のごとく、あたたかなハートの持ち主だったりするのです。見かけによらずロマンティストなので、その優しさは素直に受け入れて。礼儀を重んじ、プライドが高いので、マナーに反することや彼の体面を傷つけるような言動は絶対NG。マンネリやルーティンも苦なので、交際中はフレッシュな関係を維持する努力を。

キャンドル星人を取り巻くエレメンツとの相性

木
ほどよい距離があれば いい友達に
正直でまっすぐなあなたにとって、ミステリアスな木星人は理解不能な存在。友達ならいいけれど、職場の後輩、恋人だと、親身になるほど、ん？ と感じることが。大事なことは入念に話し合って。

山
揺れ動く炎を 大きくしてくれる存在
熱いパッションを持つあなたはあれこれアイディアが浮かんだり、やりたいことはたくさんあるけど雑務や細かい指示が苦手。その分野が得意なのが山星人。仕事の成功にはとくに必要な存在！

鉄
大切なものは自分を 犠牲にしても守るふたり
自分が守ろうと決めたものは全力で大切にしようとするふたり。さらに両方とも頑固で誤解されやすいので、ひとたび相手のことを理解しあえれば、強固な信頼関係を築ける。まさに鉄壁の間柄に。

大地
縁の下から支えてくれる 大切なサポーター
やりたいことがたくさんのキャンドル星人をまさに縁の下からしっかり支え、あれこれとサポートしてくれるのが大地星人。精神的にも癒しを与えてくれ、互いに尊敬しあう安定した関係を築ける。

海
不思議とひかれあう 切っても切れない関係に
共通の趣味で意気投合したかと思えば、あなたとの約束や予定をころっと忘れて気ままな海星人。でもなんだか憎めないのはご愛嬌。近すぎると疲れてしまうけど、不思議とひかれてしまう存在。

花
夢見がちな花星人を やさしくリードしてあげて
人を惹きつける魅力にあふれたふたりは互いに気になる存在。世話好きのキャンドル星人が夢見る花星人をひっぱってあげることでいい関係に。でも近すぎるとドライフラワーにしちゃうので注意。

キャンドル
熱しやすく 冷めやすい関係
ひと目で恋に落ちたり、仕事や趣味で意気投合するなど感性の相性はぴったり。ただ、双方熱しやすく冷めやすいため、関係が長続きしないことも。互いに成長することを目指して。

雨
自由奔放な相手に 翻弄されてしまわないように
現実主義で我が道をいく雨星人。一見いい人だけど付き合うと自己チューでマイペースで、ちょっと振り回されてしまうかも。相手のすべてを理解、尊重しようとせず、距離をおくのが円満の秘訣。

太陽
お天気屋のふたりだから うまくいくかは気分しだい
ともに喜怒哀楽が激しく、好き嫌いがはっきりしてるから、表面的には付き合いやすいはず。お互いノリもいいので、いっしょに楽しいことを考えたり、わいわい盛りあがるのには最高の組み合わせ。

ダイヤモンド
相手に輝きを与え、 育て上げる役割に
磨かなければただの石ころであるダイヤに、炎という刺激で光を与えることのできるあなた。互いにまったく違う個性でありながら、あなたのサービス精神で、相手はどんどん成長。尽くしすぎに注意。

Mountain

山星人

おおらかに裾野を広げる
山のごとく、
豊かな包容力を持った
受け身の平和主義者

泰然として動かず、そこに存在するだけで人々の心のよりどころとなり、
この地球にどっしりと存在し続けてきた山。そこには
木々が生え、草花が咲き、木の実が実り、それらを求めて
動物や人間たちもまた集まってきます。
たくさんの命を、山はすべてあたたかく抱いてくれるのです。
そんな山を主星に持つあなたは、広く動じない心と包容力を持った人。
あせらずにマイペースで人生を歩む、大器晩成型の平和主義者です。
基本受け身の人ですが、高い目標に向かってがんばる完璧主義な一面も。
ひとりでコツコツ、なんでもやりとげてしまうため、
周囲からは一目おかれ、頼りにされる存在です。

山星人の個性

あなたは誰にでも分け隔てなく接することができ、堅実で豊かな包容力を持っている人です。若い頃から浮わついたところがなく、落ち着いて見られ、みんなの信頼をかち得てきたことでしょう。気づくと組織やグループの屋台骨になっていたりしませんか？　あなたの根底には「人は人、自分は自分」という考えが常にあります。人はみな違う人間だと理解しているからこそ、他者を受け入れる懐の深さが生まれるのです。自分が正しいと思う生き方をしていれば、周囲からどう思われてもいい——そんなゆるぎないところも山星人らしさ。厳しさと愛を併せ持った山星人は、最強のあげまん妻。野球選手イチローの妻・福島弓子さんや、元サッカー選手のデイヴィッド・ベッカムの妻ヴィクトリア・ベッカムも山星人！

山星人

ポジティブ面

生まれながらの平和主義者で、もめごとや争いが大の苦手な山星人。自分が悪いときは素直に謝ることができるという、すばらしい美徳を備えています。細かい作業や緻密な計算に強いため、銀行員、会計士、不動産関係、弁護士、教師、プロデューサーなど、コツコツと積み上げるタイプの仕事に向いています。粘り強く、一度目標を設定するとそれに向かって全力投球。いわゆる大器晩成型ですが、その地道な努力はきっと報われます。面倒見が良く穏やかな性格で、周囲からも慕われる山星人。コツコツもマイペースも、すべてあなたの持ち味なのですから、無理に己を強く大きく見せようとする必要はありません。近寄ってくる人を受け入れる度量の大きさこそが、あなたの幸運体質の軸であり、強さなのです。

ネガティブ面

あなたの弱点は、せっかくやりたいことを見つけても、考えすぎてチャレンジしないまま終わってしまうところです。山星人はフットワークが重く、石橋を叩いて叩いて、結局渡らなかったり。慎重なのもいいけれど、チャンスや動きを感じたときはサッと素早く動くことも大事です！ 少々神経質なところもあるので、細かいことを考え過ぎないことが幸運のカギ。みんなからの信頼を集めるので、やっかみから「八方美人」と誤解されてしまうことも。嫌われたくないからと周囲の顔色をうかがっているばかりではなく、時には自分を主張するといった行動も忘れずに。また、周囲と自分をくらべて相手をうらやましく思ったり、落ち込んだりする面も。あなたはあなた。ペースを乱されずに過ごしてください！

フォーチュンアイテム

カラー	グリーン、ミント	ネイル	ヌーディーカラー、ワンカラーやシンプルなデザイン
ファッション	清潔感のあるアイテム、レディライクなスタイル	フード	山菜、野菜、和食、ビストロ
アイテム	観葉植物、ラグ、手帳、時計、スキンケア	ストーン	マラカイト、モルダバイト、クリソコラ、アラゴナイト
スポット	別荘地、古都	アロマオイル	マジョラム、ジュニパー、ミルラ
メイク	目元に陰影、コンサバで知的	旅先	エジプト、ブラジル、トルコ、マチュピチュ、マウイ島

人間関係での役割

空気をよむのが上手で、どんな場でもムードメーカーになれる山星人。なおかつ周囲の心をときほぐす癒しの存在でもあるあなたは、気がつくといつも輪の中心にいる人です。謙虚な優しさとおおらかな厳しさを兼ね備え、あなたが誰かを注意するとき、感情のまま怒ることはありません。何がいけないのか論理的に説明し、その後はしっかり相手をフォロー。そんな心が広く優しいあなたのことを誰もが頼りにしています。職場や家族、いろいろなシーンですぐに頼られてしまうのですが、集団行動が得意そうで実は無理していることも多い山星人。自分を抑えて、ストレスをためやすい傾向があります。他者の悪口を言うのも聞くのも嫌いなので、集団の中で疲弊してしまうこともしばしば。ときにはひとりボーッとする時間をもちましょう。

恋愛・結婚

好きな相手ができても、自分からはなかなかアプローチできない山星人。断られるのが怖かったり、たとえデートにこぎつけたとしても、どこへ行こう、何を話そう、と考えすぎ、挙句の果てに「玉砕するくらいならアタックしないで見ているだけでいい」と、片想いのまま終わらせてしまうことも少なくありません。堅実な山星人は安定志向が強いため、好きになった相手をいきなり、この人と結婚できるか……？といった視点で判断する傾向も。なので、いざ恋人ができると、せっせと世話を焼き、結婚に向けてレールを敷きたがります。こればかりは相手のペースもあるので、よく相談しながら進めましょう。注意すべきは、恋愛にのめり込むと周囲が見えなくなってしまう点。恋は盲目、を地で行かないように！

MOUNTAIN

山星人のメンズ
「意外に古風で奥手な彼には、アタックあるのみ！」

絶妙のバランス感覚とどっしりかまえる安定感の持ち主で、あくなき探究心で日々を積み重ね、最終的には頂上まで上りつめているという、大器晩成型メンズ。仕事も恋も着々と地道にものにし、最後は成功したビジネスマンにして良きパパ、なんてキャラクターに落ち着くことも。恋愛にはちょっぴり奥手の傾向があるので、あなたのほうからさりげなく思いをアピールして。押しに弱い傾向があるので、吉と出る可能性大です。古風なところもあり、女性はナチュラルで清楚な見た目が好み。

山星人を取り巻くエレメンツとの相性

木
木々が山に根付くように 相性はバッチリ!
変わらぬ親愛を捧げるあなたのおかげで、個性をのばし、すくすくと成長していける木星人。それだけ懐が広いゆえに、控えめでもある山星人はときにわがままを言って、関係にフレッシュさを。

花
ハマると危険! な 甘えっ子さん
人間関係も恋も奥手で慎重な山星人に、警戒心を持たせることなく天真爛漫にアプローチしてくるのが花星人。甘え上手な相手に心がほころび、楽しい関係になれることも。振り回されないよう注意。

鉄
キツイ言葉に ちょっとドキドキ…?
おおらかな山星人に、鉄星人が時々吐き出す厳しい物言いや言葉にはドキッとするもの。たとえ悪気がないとはいえ、やはりわだかまりになることも。だまって聞き流しているのがいちばん!

大地
感性がよく似ていて、 自然体でいられる関係に
感覚が近く、なんでも気軽に話せる存在で、時間をかけてゆっくり信頼関係を築いていけるはず。同性異性に関係なく、自然体でいられるので、内気な山星人には、心やすらぐオアシスのような存在に。

海
頼りにしてくる相手には 時に意外性のある行動を
絶えず動いている海にとって不動である山はとても頼りになる存在。なのに気まま勝手な海星人は、マンネリを嫌って寄ったり離れたり。そんな相手と長続きするには、時々意外性のある行動を。

キャンドル
刺激的でヤケドしちゃい そうな危険な相手!
おっとりした山星人にとってなんとも刺激的な相手。相手の気まぐれな言動にドキドキしたり、ときめいたり。すごく楽しい存在でもそのハイペースさについていけないと痛い目を見るのでご用心。

山
相性はいいけど臆病ものの ふたりの間にドキドキはなし?
周囲とのハーモニーを大事にする慎重な山星人。このタイプが揃うと慎重すぎて物事が進まなかったり、進展には時間がかかりそう。でも長く付き合うほどに互いの信頼はアップ。

雨
ヒントや刺激をくれるけど 干渉しあいには注意!
自然体でストレスフリーな雨星人は意外に心地いい存在。そのアイディアやヒントに刺激を受けることも少なからず。ただし、流されすぎると自分のペースが乱れるのでご注意。適度に距離をおいて。

ダイヤモンド
原石を磨いてあげる 最高のサポーターに
ちょっと変わった才能の持ち主のダイヤモンド星人をやさしく包み、その能力がより磨かれていくようサポートできる存在になる山星人。結婚でいうなら、まさにあげまん。そんな山の好意に相手も感謝。

太陽
鬼に金棒、助けあえる ベストパートナー
アイディアはあるけど実現までの過程が苦手な太陽星人と、目標に向けての努力を惜しまない山星人は最高最良のパートナー。好き勝手に動きがちな相手にほどよい歯止めをかけ、しっかり支える存在に。

EARTH

大地星人

母なる大地、という言葉通り
みんなを受け入れ
深い愛情で包み込む
包容力抜群の存在

自分のことよりもついつい他人のこと、
家族のことを優先してしまうしっかり者。
根っから母性愛が強く、困っている人を見たら最後、
見て見ぬ振りはできません。
仕事では人のために働くことが生き甲斐となり、
家庭を持てば、誰よりも円満な人生を築いていける人。
自分自身も大地のように安定志向が強く、リーダーというよりは
2番手、3番手でいるほうが楽しく、自分らしくいられるはず。
ひとたび相談役となったなら、相手の悩みをていねいに聞いて
的確なアドバイスをくだせる、みんなのお母さん的存在なのです。

大地星人の個性

情が深く家庭的で、常にみんなのお母さん的存在である大地星人。「一緒にいるとホッとするの〜」なんてよく言われるのではありませんか？ 人々の心を和ませる情愛を持つあなたは、気づくと誰かの相談役に。自らは地に足の着いた安定を好み、ころころと立ち位置や住む場所を変えることはしません。気に入ったところに長くいることを好み、転勤、パートナーの希望でもない限り、自分の思いつきで動くことはまずないでしょう。こうして安定を求めるがあまり、フットワークが重くなることには要注意。人気絶頂で結婚・引退した伝説のアイドル・山口百恵さんや、大女優であるオードリー・ヘプバーン、アン・ハサウェイも大地星人。年齢を重ねるにつれて魅力と輝きが増すのも、この星人の特徴です。

大地星人 EARTH

ポジティブ面

10星人中、いちばん離婚率が低く、いいお嫁さん候補No.1！ 周囲の人に安心感を与えられるのは大地星人の大きな長所。勉強熱心で面倒見もいいために職場での評価も高く、深く付き合えば付き合うほど、あなたの良さが周囲に伝わります。母性愛にあふれ、面倒見がよく、人のために動くことができるあなたは、人のお世話をする学校や保育園の先生、看護師、介護士などが適職です。さらに堅実でしっかりした性格で、きちんと未来を見据え、計画的に物事を進められるので、公務員などの手堅い職も向いていますし、手に職をつけることもおすすめです。そして大地星人は本人やまわりが思っている以上に器用な一面も。ときには思い切って新しいチャレンジやチョイスをしてみると思わぬ成功をつかむきっかけに！

ネガティブ面

面倒見がよく、しょっちゅう悩み相談を受けるということは、相手からマイナスの気をもらいやすいということでも。また、自分のことよりも周囲や仕事を優先してしまい、自分の時間がどんどんなくなってしまう傾向もあります。疲れを感じたらしっかりメンタルケアをし、まめにストレスを解消することを心がけて。堅実さと安定志向はあなたの大きな長所ですが、あまりに保守的になっていては新しい幸せはやってきません。ときには領地拡大を狙うつもりで、新境地を開拓する精神を持ちましょう！ また、周囲との穏便な関係を重視するあまり、言いたいことを言えずに譲ってしまって後悔してしまうことが。ときには自己主張も忘れないで。ふだんの謙虚なあなたを知る人たちは、それをわがままとは思いませんよ。

フォーチュンアイテム

カラー	ベージュ、ブラウン、キャメル、アースカラー	ネイル	フレンチネイル、上品なシンプルなデザイン
ファッション	肌触りが良いもの、上質なもの、コットンやシルク素材、古着	フード	雑穀米、ぬか漬け、味噌、和食
アイテム	エプロン、スリッパ、家庭用品、食器、掃除道具、筆記用具	ストーン	アパタイト、アズライト、ガーネット、サンストーン
スポット	古都、宮殿、畑	アロマオイル	ベルガモット、ジャスミン、ネロリ
メイク	ベージュメイク、清楚メイク	旅先	オーストラリア、オーストリア、ギリシャ、中国、ローマ

人間関係での役割

大地星人は、付き合う人間によって、自分がどんな土壌になるかが決まります。ありとあらゆる人を受け入れる包容力と土壌を持つあなたは、正反対のタイプの人間に振り回されることも少なくありません。偏った人間関係を築いて、せっかくの豊かな台地が干からびてしまったり、土砂崩れを起こさないよう、しっかりと相手の本質を見極めるよう心がけてください。優しいあなたにいやなことや面倒な作業を押し付けてくる人もいますが、理不尽だと思ったらNO！という勇気も必要。その母性につけこんでくるだめんずや甘えたがりの男子もいますが、すべてにかかわっていると疲弊してしまうので親切もほどほどに。逆にあなたに知識を与えてくれる人、守ってくれる気骨のある人とは積極的に交流をしましょう。

恋愛・結婚

恋愛体質というよりは結婚願望が強い大地星人。よくわからない人とひとめぼれで恋に落ちるタイプではなく、相手のことをよく理解したうえで恋心が芽生えます。そして結婚後は家庭に入り、夫をサポートしようと考えているため、仕事で成功を収めていても、彼から「家庭に入って」と言われれば、スッパリ辞めてしまう潔さも。もちろん家庭と仕事をバランスよく両立させ、良き妻、良き母となれる能力も十分です。母性が強いため、タイプでない人からの熱烈アプローチに流され、気づいたらお付き合い、なんてことも。恋愛でも受け身体質で、アタックされると弱いのはあなたの弱点。あげまん体質のあなたのサポートを受けるのにふさわしい向上心を持ったパートナーを選んで。パートナーの成功によってあなたもハッピーに！

EARTH
大地星人のメンズ
「包容力にあふれる誠実な彼に身をあずけよう！」

包容力にすぐれ、落ち着いた雰囲気ですべてを受け止めてくれそうな大地メンズ。はしゃぎすぎたり、テンション高くなることはめったになく、大勢でガヤガヤよりは少人数でゆっくり会話や食事を楽しみたいタイプ。恋愛経験もそう豊富ではないので、しっかり彼のことだけを見つめてくれる女性に弱いでしょう。ロマンティックな演出とは縁遠い彼ですが、ひとたび恋人関係になれば、誰よりもあなたを想い、誠実に愛してくれるはず。そんな彼に思い切り身をゆだねるのが正解です。

大地星人を取り巻くエレメンツとの相性

木
**気ままに動き回る相手の
よきアドバイザーに**
木星人の個性もワガママもしっかりと受け止めてあげる大地星人。器用貧乏でうっかりするとレールを踏み外しそうな木星人をしっかりサポートし、見守ってあげ、やがてはお互い不可欠な存在に。

山
**互いに支え合い
理解し合える最高の相性**
自然界でもぴったりと密着した大地と山は人間関係においても相性抜群。同じものを見て笑い、グチをいえば共感でき、どんなことも話せて理解し合える関係。結婚相手なら、すばらしい家庭を築ける。

鉄
**不器用なところが共感できる
守りたくなる存在**
砂鉄から鉄が生まれるように、鉄星人にとって切っても切れないのが大地星人。強そうに見えて、実はシャイで心配性な鉄星人を、心から癒してあげられるのはおおらかな大地星人だけ。

花
**憧れの存在は
見てるだけでドキドキ**
華やかで注目の的になる花星人は大地星人にとってはまぶしい憧れの存在。ついついお世話してあげたくなるけど、甘い顔ばかりしてると花は調子に乗るので、甘やかしすぎには注意!

海
**自由奔放な海が
ちょっぴりうらやましい**
絶えず動き、自由気ままな海は大地にとっては憧れの存在。一緒にいると大地星人の肩の力も抜け、視野が広がっていきそう。几帳面なので海星人のルーズさが気になることも。些細なことには目をつむって。

EARTH
大地星人

大地
**すべてをわかりあえ、
ウォーミングな関係を築ける**
同じ性質同士は、すべてを説明しなくても自然とわかりあえる居心地の良さが。そのぶん関係性の発展に時間がかかることもあるけど、大きな波風がたつこともなく、いい関係へ。

キャンドル
**動くきっかけを与えてくれる
刺激的な存在**
熱い心のキャンドル星人からの刺激は、腰の重い大地人にはいい変化のきっかけに。いつもより大胆な行動、チャンスへの挑戦を喚起することに。とはいえキャンドルの言いなりになりすぎるのはNG。

雨
**予想を裏切る行動をとる
未知で気になる存在**
気まぐれでとりとめがなくてマイペース、そんな雨星人に翻弄されながらもなぜか気になってしまうのは、大地星人にはないものを持っているから。距離をおいて見守りながらいるといい関係に発展。

ダイヤモンド
**相手にとって安らげる
存在を目指して**
その原石が発掘されるのは地中からであるように、大地星人はダイヤモンド星人を温かく見守る存在に。マイペースで変わり者の相手に振り回されることもあるけど、基本は好相性。大きく構えて。

太陽
**直情的な太陽の熱さに
照れないように!**
エネルギッシュな太陽星人からのアプローチはマイペースな大地星人には荷が重い時があるかも? でも時には照れずにそのパッションを受け止めて。奥手なあなたにとってこの熱意は吉兆に!

METAL

鉄星人

加工によって
形を自在に変える鉄のように
屈強でいて臨機応変、
頭のきれる働き者

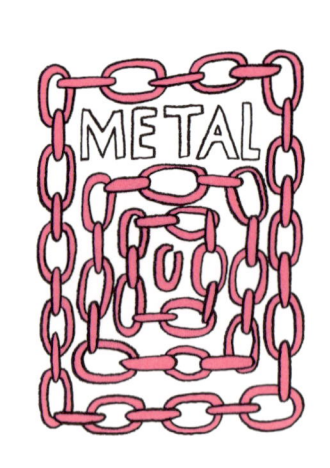

たとえばクワや斧、ハサミ、包丁……
人間の使うさまざまな道具として遠い昔から重宝されてきた鉄。
鉄はそれ自体がとても硬く強いけど、加工しだいで姿かたちを変え、
さまざまなことを手助けする道具となってくれるのです。
そんな大活躍の鉄のごとく、頭が切れ、洞察力があり、働き者のあなた。
その精神もまた強く屈強で、逆境においてもひるむことなく
反骨精神をもって挑んでいきます。
反面、鉄は鎧や盾、刀剣や銃といった武具や武器にも加工される鉱物。
自分を犠牲にしてでも守ろうとする頼もしさ、鉄のように強固に
意地を張って攻撃的になる、といった側面も持っているのです。

鉄星人の個性

鉄星人のあなたは、誰よりも頭が切れ、屈強な精神と鋭い洞察力、独自のユニークな視点の持ち主。相手にズバッと切り込んでいき、交渉上手で人を見抜く力も持っています。いつもテキパキ、強そうに見えますが、実はすごーく繊細。人から強く批判されると深く傷つくという、やっかいな一面も持ち合わせています。几帳面で神経質なところがあり、独自のこだわりを持つ人が多く、好きな相手に見せる顔と、苦手な相手に見せる顔はまったく違います。ある意味わかりやすく、とても正直な人だといえるでしょう。鉄星人の有名人には、文字通り「鉄の女」と呼ばれた元英国首相のマーガレット・サッチャー女史や、「操り人形にはなりたくない」と言った女優のエマ・ワトソン、など芯の強い女性がズラリ。

鉄星人

ポジティブ面

なにかをやり遂げたり完成させるためには一切の妥協を許さず、水準以上のことを成し遂げるのも珍しいことではありません。とにかく頑固一徹、職人気質の鉄星人は、洞察力にも優れ、人を見抜く力はピカイチ。交渉ごとではその威力を思う存分発揮できるでしょう。正義感にあふれ、自分にも他人にも嘘をつくのを嫌い、鉄の盾や鎧のごとく親しい人を守る頼もしさもあります。そんなあなたのいちばんの長所は、芯が強く、一度決めたことは実現するまで諦めないところ。その長所をいかして専門職、マネジャー、添乗員、経理、美容師、スタイリストなどが適職といえます。また、鉄は誰かが使ってくれないとただの塊に。ひとりで何でもこなすのではなく、サポートしてくれる右腕を見つけるのも幸運のカギです。

ネガティブ面

鉄星人の短所は、少々言葉がキツ過ぎるところです。頭の回転が速いだけに、他者のまわりくどい言い方やはっきりしない態度にイライラしてしまうのです。その結果、棘のような言葉を発してしまったり、かんしゃくをおこして自暴自棄になってしまうと、制御不能の厄介な存在に。自分が納得するまで同じ話をしつこく繰り返します。そんなあなたに周囲が引いてしまわぬよう、言葉遣いや話す内容を気遣って。また、何かやってみたいという気持ちはあるのに、何から始めていいかわからなくて、結局何もできないでいる優柔不断なところも。常に気持ちややりたいことの整理をして、頭と心をクリアにすることも大事です。家族、パートナー、子供のこととなると心配性。過干渉にはくれぐれも注意を。

フォーチュンアイテム

カラー	シルバー、グレー	ネイル	ラメ、キラキラ、パーツ
ファッション	マニッシュテイスト、パンツスタイル	フード	香りの強い食材、創作料理
アイテム	シルバーアクセサリー、洋裁道具、調理用具、鏡、スパンコール	ストーン	ラブラドライト、ピーターサイト、パイライト、カルサイト
スポット	展示場、パーティ	アロマオイル	イランイラン、サイプレス、シナモンリーフ
メイク	シェーディング、シャープなモード系	旅先	ミャンマー、スペイン、スリランカ、ベルギー

人間関係での役割

あなたは、まとめ役のリーダーからサポート役まで器用にこなせる人。持ち前の洞察力を生かして、あなたがアドバイスをすることで、事態や相談相手の人生が好転することも少なからずあるはずです。逆に言えば、あなたの言葉はそれほど周囲に響くので、キツい物言いにはくれぐれも気をつけて！　鉄の硬さが象徴するようにあなたはかなりの頑固者。自分とは考えが違う人の意見をなかなか聞き入れようとしません。周囲とうまくやっていくには、その強過ぎる性格を少々やわらげ、人の話を最後まで聞く、キツい口調になりすぎないようにすることが大切です。ストレスがたまると口数が多くなる鉄星人ですが、直接上司に苦情を言えないときなど、友達や恋人にグチをぶつけがちなのでほどほどに。

恋愛・結婚

異性、同性ともに、好き嫌いがはっきりしているあなた。反面、根があまのじゃくなところもあるので、ついつい強がって好きな人にはうまく甘えられないという弱点も。いい恋愛ができないと悩んでいる人はツンデレはほどほどに、素直な気持ちで彼と向き合ってみて。負けず嫌いだけど実は涙もろく、強そうに見えてガラスのハートの持ち主。そんなギャップが異性にはキュートな魅力となってうつります。「ギャップ萌え」とは、鉄星人のためにある言葉ですよ！　がまん強いところがあるので、少々問題ありのトラブル男でも、好きになったら家族や周囲の反対をものともせず、自分の気持ちを貫き通してしまいます。でも、トラブル男がなかなか更生しない場合は、すっぱり切り捨てる覚悟も必要。

Metal

鉄星人 のメンズ
「不器用だけど熱いハートを秘めた生粋のナイト」

鉄が時には盾となって身を守り、時には剣となって攻撃するように、味方にすると頼もしく、敵に回すと怖い存在となる鉄メンズ。基本的に女性を守ってあげたい騎士道精神の持ち主なので、彼には素直に甘えてあげるのがいちばん。反対に対等にはりあおうとしたり、おさえつけようとすると彼は直ちに戦闘モードに切り替わって、とてもじゃないけど恋愛になんて発展しません。不器用なタイプなので物足りなさを感じるかもしれないけれど、彼の愛は一途。鉄壁の愛を築く男性です。

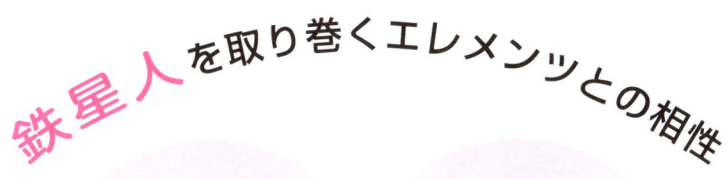

鉄星人を取り巻くエレメンツとの相性

木
アイディアマンと実行マンに分かれて活躍できるはず
個性豊かでアイディアフルな木星人がのびのびと活躍できるよう、具体的なアドバイスをできるのが鉄星人。ただし、木星人はプライドが高いのでストレートすぎる発言、見下しした言い方は避けて。

山
ストレスに弱い相手をさりげなく守って
みんなのまとめ役、すなわち文句を言われることも多い山星人を、そのストレスからまさに盾となって守ってあげるのが鉄星人。時に優しく時に厳しく、相手を守ることでとてもいい関係へ。

花
可憐な花はしっかりと守ってあげたくなる
サバサバしたあなたにとって可憐でロマンティストな花星人は守ってあげたい存在。たとえ相手が男性だとしても！あなたがテキパキと世話を焼き、花星人が甘えていられれば、関係性はずっと良好に。

大地
センシティブなあなたをそっと癒してくれる
実は繊細なあなた。人見知りでマイナス思考なところもあるのを、マイペースでおおらかな大地星人がさりげなくフォロー。互いになんとなく思いが通じあったり、長所短所を補い合える好相性に。

海
つかみどころのない存在だからハマりそう
つかみどころがなく理解不能な海星人は鉄星人にとって不思議と憧れ、惹かれる存在。相手の一挙手一投足が気になってしまいますが、自由人の海に束縛や干渉は厳禁。精神的に自立しあえる関係に。

キャンドル
スピードと熱さはピカイチ！の関係に
鉄は熱いうちに打て、のとおり、熱いハートのキャンドル星人と、行動力抜群の鉄星人が出会うとその実働のスピードたるや、相当なものに。大きな成功もつかめる関係ですが、衝突には注意！

鉄
正直者同士の切磋琢磨しあう厳しい関係
実直で曲がったことの嫌いな鉄星人同士が出会うと、うまくいけば結束力の強い堅固な信頼関係を、衝突するとどちらかが倒れるまで戦いあうハードな関係に。互いを尊重しあって！

雨
熱くなりがちなあなたをクールダウンさせてくれる
カッとしたり暴走しがちなあなたにクールな言葉をかけ、冷静さを呼び戻してくれるのが雨星人。だけど向こうはあなたの意見にはあまり耳を傾けないという不思議な関係に。なので頼り過ぎは禁物。

太陽
表現がストレートな者同士で、付き合いやすい
好き嫌いがはっきりしていて、思ったことは口にしないと気が済まないあなたにとって、底抜けに明るい太陽星人はうれしい存在。うっかりキツいことを言ってしまっても流してくれる安心感が。

ダイヤモンド
持ち前の審美眼を活かしたアドバイスを
抜群のセンスを持っているけどちょっぴり天然なダイヤモンド星人を、さらにピカピカに磨くことができるのは鉄星人のみ。相手の才能が伸びるよう、ほめ言葉を交えたアドバイスを。

DIAMOND

ダイヤモンド
星人

磨くほど輝く特別な原石は
ひとたび輝きだすと類まれな存在に。
オンリーワンの生き方、目指して

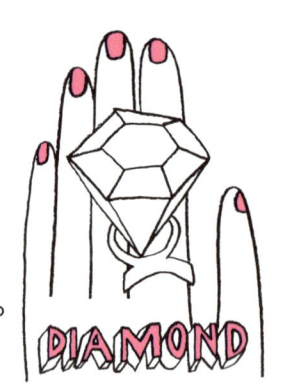

宝石の中でももっとも高貴で華やかな存在でありながら、
磨かず原石のままではそこらへんの石ころとなんら変わりのないのが
ダイヤモンドの宿命。
そんな貴重な宝石を主星に持つあなたは
磨けば光る可能性を秘めた、典型的な天才肌。
手に職を持ったり、自分にしかできないと感じられることに没頭することで、
おのずと磨きがかかり輝きを増していきます。
個性が強いため、時には周囲から変わり者や不思議ちゃんと
思われることもありますが、それこそあなたの大切な感性の証。
堂々と自信を持つことでますます輝きは強まり、幸運の連鎖が始まっていくのです!

―――― ダイヤモンド星人の個性 ――――

ダイヤモンド星人の多くは、キラリと光る特別な個性や才能を持っています。そしてその個性や感性は若干他の人とは異なるために、周囲からは異端視されることも多いでしょう。でもあなたにとって、個性、オリジナル、オンリーワン、といったキーワードは強運を引き寄せる大きな武器。たとえ根拠のない自信でもいいので、自分の感性を信じ、励まし、才能を発揮するまで諦めないで。あなたの感性は大げさではなく、世界にも通じるすばらしいものです。「自分は選ばれた人間なのだ」という、強い意識を持ってください。あなたの代わりはあなたしかいません。個性的な言動で世界中にファンを持つレディー・ガガ、女優業以外の慈善活動でも注目を集めるアンジェリーナ・ジョリーもダイヤモンド星人です!

ダイヤモンド星人

ポジティブ面

世界で活躍する才能を持つ人も多く、みんなから一目置かれる憧れの存在。斬新なアイディアと生まれつきのセンスのよさで、若くして重要なポストに就くことも。なので、あなたの成功のカギは、自分の得意なことを見つけ、その道を突き進むことにあります。逆に苦手なことを無理してがんばっても、あなたらしさを失い、ただの石ころになってしまうだけ。もしも今、自分の好きなことを仕事にできていない場合は、今からでも決して遅くはありません。軌道修正してみてください。あなたの輝きは、感性を磨くことでどんどん大きくなります。時間があるときは美術館や博物館でいろいろな作品や展示を見たり、国内外の写真集や本を読んだりして、センスと知識を吸収し続けていきましょう！

ネガティブ面

才能豊かであるがゆえに、誰でもできる仕事や自分の気分が上がらない仕事は、まったく長続きしないところがあります。繰り返しますが、ダイヤモンドは原石を磨かなくては輝きません。才能があっても本人のやる気や実行力が伴っていなければ、何も始まらないのです。たちの悪いことに、自己流でもなんとなく形にできる生来の器用さがあるため、手抜きの器用貧乏で終わってしまう可能性もなきにしもあらず。また、ガツガツ貪欲に立ち向かうことが苦手なために、自分を上手にアピールできず、せっかくのすばらしい個性が埋没してしまうこともあるでしょう。友達や家族、恋人次第で人生が左右されやすいため、環境や付き合う人によって、輝くかくすぶったままでいるかが決まります。

フォーチュンアイテム

カラー	ホワイト	ネイル	ホログラム、ビジュー、パール
ファッション	ビジューアクセサリー、ハイブランド、一点もの	フード	豆腐、白子、お米、白い食べ物
アイテム	ダイヤモンド、キラキラモチーフ、下着、アクセサリー	ストーン	アゲート、アメトリン、クリスタル、ムーンストーン
スポット	ラグジュアリーホテル、高層階、デパート	アロマオイル	アンジェリカ、オレンジスイート、マートル
メイク	パールやラメ、2色使いの遊び心のあるメイク	旅先	モナコ、スコットランド、バチカン、インド、ストーンヘンジ、アフリカ

人間関係での役割

原石が輝くダイヤモンドになるまで、多くの人の手を必要とするように、あなた自身も周囲にいる人たちと交流し、良い刺激やサポートを受けることで美しく磨かれていきます。名実ともに宝の持ちぐされにならぬよう、努力と周囲への感謝を忘れず、自分をしっかり磨いてきましょう。そう、ダイヤモンド星人にとって、環境は大きなポイント。どこで働くか、どんな友人や仲間と付き合うかによって、成功を収められるか否かが大きく左右されてくるのです。ただし、自分のペースを大きく乱されてしまうと、運気は一気に停滞してしまいます。もともと周囲からは理解されにくい感性の持ち主でもあるので、漫然とまわりに流されることなく、己を切磋琢磨していく心がけは持ち続けてください。

恋愛・結婚

好きになったら一直線！ 周囲にばれようが相手にダダモレだろうが、大好き光線を発信しまくります。夢を叶える能力が高いので、「今年こそ結婚!」と願望スイッチを入れたなら、そのとおり実現も夢じゃなし！ そんな恋愛モード全開のあなたですが、失恋したときは、反動で仕事や趣味に没頭したり、旅に出てさっさと気分転換に励みます。そして傷が癒えた頃にまたときめく人が！ ……と要領のいいところもありつつ、嫉妬深い一面も。彼が少しでも怪しいと感じたら、あれこれ詮索したり束縛したりはしょっちゅう。彼がウンザリしないよう、ジェラシーはほどほどに。嫉妬は、あなたのキラキラオーラを薄れさせるだけですよ！ もともとバランス感覚にすぐれるため、結婚後は仕事と家庭を器用に両立させます。

DIAMOND
ダイヤモンド星人のメンズ
「マイペースでエキセントリックな彼にはほめ言葉を！」

常人には理解できないような高い感性と根拠のない自信を持つ彼の好みは、一緒にいるとテンションアップできて、互いに高めあえるような存在の女性。容姿端麗、だけでなく人をひきつけるセンスや才能を持っている相手にひかれ、不潔、だらしない、品性に欠ける人を嫌います。なにしろ感性で生きるメンズなので、説明を求めたり理詰めで迫るのは厳禁。ほめてあげると木に登るタイプなので、ふだんから賞賛の言葉は惜しみなく与えてあげて。

ダイヤモンド星人を取り巻くエレメンツとの相性

木
個性豊かなふたりは仲良くなるほどこじれ気味？
双方、10の主星の中でもトップを争うほどの個性の持ち主なので、最初は意気投合、でもお互いを知るうちにテイストの違いに気がついて、あれ？ なんてことも。必要なのは密なコミュニケーション！

山
あなたを育ててくれる最高のパートナーに！
才能きらめくダイヤモンド星人とコツコツ道を極める山星人の相性は最高。アメとムチを使いわけてあなたに的確なアドバイスをくれるのが山星人。愛情も財産も築くことができる最良の関係に。

鉄
アドバイスは受け入れ言いなりにはならないように
ダイヤの原石を唯一磨くことができるのは鉄星人のみ。鉄星人の的確なアドバイスは、あなたを鍛え上げてくれるはず。ただしこの助言を聞き入れすぎると、磨かれすぎて小さくなるので注意！

大地
家族のように落ち着いた関係性を構築
ダイヤモンドが大地から発掘されるように、ふたりはまるで家族のように落ち着いた関係へ。プレッシャーに弱いあなたを大地星人はやさしく包み込んでくれるはず。あなたは刺激的な存在に。

海
自由な海の生き様に流されてしまわないように
海星人もあなたも自分の感性で生きる人。そして、その個性はまったく異なるため、互いに遠慮しあってゆずっていると、自分のよさ、色を見失ってしまうおそれが。お互いにひとりになる時間を大切に。

キャンドル
絵になるふたりは実は相反する性格
ともにセンスあふれトレンドに敏感なふたりは自然と注目され、目立つ存在に。でも火と鉱物は相容れない関係でもあるので、それぞれの個性をしっかり認め合えないと、関係は長続きしない結果に。

ダイヤモンド星人

ダイヤモンド
ともに輝き合うか、強烈なライバルとなるか？
感性が一致すれば対のイヤリングのように輝きあって相乗効果を生み出せる関係に。いざ、ライバルとなると、感性が独特なだけに、敵対してしまうことも。互いに口出ししないのが吉。

雨
自分の世界を持つあなたにとっては目の上のコブ？
すべての物事をフラットにとらえ他の人に影響を与えがちな雨星人。そのアドバイスはとても感謝すべきものですが、自分の世界を持つあなたにはちょっとうるさいとも。自分のペースは忘れずに。

花
一見華やかなふたりだけど根本は全然違うマインド
ダイヤモンドとお花…なんとも華やかな組み合わせ。いっしょにいるとますます目立つ存在になるのですが、実は根本はまったく異なるふたり。互いの気持ちや考えをまめに伝え合うことが必要に。

太陽
温かく包んで元気づけてくれる
世界は自分の好きなものだけでできている天才肌のダイヤモンド星人にとって、万人に好かれ、おおらかな太陽星人はまぶしい人。繊細なあなたのよきアドバイザーとなってくれる、心やすらぐ存在に。

SEA

海星人

果てしなく広がる
大海原のごとく
とらえどころがなく
可能性満ちあふれる存在

海は、大陸や島々をつなぎながら
広く、深く、絶え間なく波が寄せては返す、自由な存在。
そんなどこまでも広がる海は、無限の可能性を秘めたあなたそのもの。
あなたは小さな世界に閉じ込められると、
やる気も気力もいい運気までも失くしてしまうのです。
組織、束縛、制限、監視……どれもあなたには苦手なもの。
そして、海の底がまだまだ謎に満ちているように、
あなたの内面もミステリアスで、なかなか他人には理解されないことも。
でも人脈を広げることで未来が広がり、チャンスをつかむ運勢なので
臆することなく、ときには自分を強くアピールしてみましょう。

海星人の個性

鋭敏な感性センサーの持ち主で情報通で、新しい物好き。それだけに好きなこと、夢や目標と決めたことには、底知れぬパワーを持って実現へとがんばります。が、いったん熱が冷めると、サーッと潮が引くように興味を失ってしまうところも……。でもそんな引き際を知っているのも海星人ならでは。思い通りにならないことをダラダラやるより、一度リセットして再チャレンジしたほうがいい結果を得られるはず。海外との縁が深く、語学が堪能、留学経験がある、ボーイフレンドが外国人、など。自由な海星人にとって、日本だけでの生活は少々息苦しいのかも。海星人の有名人には、女優のブリジッド・バルドー、黒人モデルとして初めてパリ版『VOGUE』の表紙を飾ったナオミ・キャンベルなど自由奔放な面々が。

海星人

ポジティブ面

好奇心の塊のような海星人にとって、人生をどう楽しむか、どれだけ自分らしく自由に過ごせるかが、幸せの重要なポイントに。人を惹きつける魅力にあふれているので、このまま独自の感性と個性を大切に育ててください。元々持っているエネルギーを押さえつけるのはNG。人目を気にして小さくなってしまうのもダメです。頭がキレるので、仕事でもしっかり結果を出していきます。企業の経営者も多く、波に乗って上手に世間を渡っていくタイプ。皆が驚くような昇進も夢ではありません。職種的には、IT関係、外資系会社、旅行会社、自営業、飲食店や接客業にも向いています。そして何よりも海外に住んだり、海外と日本を行き来することで本領発揮、人生をよりエンジョイできるはず。

ネガティブ面

とにかく束縛やルールがんじがらめを嫌うので、当然団体行動も苦手。もしも嫌な上司がうるさく小言をいってきたりするような職場にいたならば、もうそこに通うこと自体が嫌になり、「だったらとっとやめて自分でやろうかな」と考えるタイプ。あなたに他人のルールや、ややこしい会社の仕組みは理解できません。基本的に好き嫌いがはっきりしていて、女性特有の粘着質な付き合いが苦手な面もあるため、おひとりさまのほうが気楽だという人も多いでしょう。でも、とてもサバサバした性格なので、ケンカをしても長く引きずるタイプではありません。でも基本、心配性でネガティブ思考になりやすく、ひとたび考え出すとモヤモヤが止まらないところがあります。そんなときは持ち前の合理主義で乗り切って。

フォーチュンアイテム

カラー	ブラック、ブルー、ネイビー	ネイル	マリーンデザイン、ボーダー柄、ブルー、ネイビーカラーネイル
ファッション	ボーダー柄、チェック柄、デニム	フード	海藻、魚介類、お寿司、刺身
アイテム	シャンパン、携帯、香水	ストーン	アクアマリン、アマゾナイト、カヤナイト、トパーズ
スポット	海、水族館、湖	アロマオイル	ゼラニウム、リンデンアブソリュート、ベンゾイン
メイク	ツヤのある肌、水々しいお肌、ぷっくり唇	旅先	ニース、ウユニ塩湖、アラスカ、ベネチア、ベトナム、グアム、フィジー

人間関係での役割

集団行動がちょっぴり苦手なあなたですが、クールで冷静、他者とほどよい距離感で付き合える才覚を持つため、まわりから敬遠されることはないでしょう。仕事で嫌なことがあっても、波が引くように水に流せるあなたは、生まれながらの切り替え上手。やられた嫌なことは忘れませんが、しぶしぶ割り切って次に進むことができるはず。そんなあなたにとっていちばん避けたいのが人間関係のストレスでよどんでしまうこと。海は満ち干きで絶えず形を変え、寄せては返す波のごとく、動いていてナンボ！ 知り合いや友達が多くて悪いことなし。とにかくあちこち動き回り、人脈を広げることで未来の可能性、夢の実現力はどんどん広がっていきます！

恋愛・結婚

海星人が恋に落ちる場合、相手は職場や仕事の関係者など、意外と身近な人であることが少なくありません。それは「仕事も恋も同時に手に入れたい」と考える人が多いから。周囲を常に見渡し、いい人がいないかチェックしているため、一目惚れの経験も豊富です。ただ、シャイなところがあるため、アプローチの際は相手の出方やちょっとした言動にも敏感に反応して臆病になることも。そうしていざお付き合いが始まっても、ある日突然、恋が冷めてしまったりするのも海星人の特徴。それは彼の束縛が激しくなったり、自分の時間がなくなるなど、これまでのペースが大きく乱されるのが原因です。ノリがいいので既婚者や年下の甘えん坊など、だめんずからアプローチされやすいところもあるので要注意！

SEA 海星人のメンズ
「無邪気な恋の狩人とは、互いに自立しあえる関係を」

波のようにつかみどころがなく、少年のように無邪気な心を持った海メンズ。彼にアタックする前に絶対確認してほしいのが、既婚者だったりステディな恋人がいないかどうか。彼は気になる女性には自分の境遇を考えずに、アプローチする自由人です。気ままな人生を好むので、早くから結婚をほのめかしたり、束縛は厳禁。彼に気に入られたいと思ったら、彼に依存しすぎることのない関係を作って。マンネリも苦手なので、飽きさせないよう、あなたにもミステリアスな部分をキープして。

海星人を取り巻くエレメンツとの相性

木
浮き沈みの激しい関係になりそうな懸念が
波間にプカプカ漂うこともできるけれど、海に根を張ることはできない…海星人と木星人の関係性はそんな感じ。片方が歩み寄れば片方が引いたり、危ないバランスのうえに成り立つ刺激的な関係に。

山
波瀾万丈の海を受け止める不動の山
気分屋とも思われかねない海星人にとって、動かない山の存在は安息の地。ただ、腰が重い、頭が固いところにうんざりすることも。でも堅実な山星人は生涯通しての親友やパートナーに。

鉄
あなたを特別扱いしてくれる強力なサポーター
ズバズバ切り倒す鉄星人。でも水系のあなたを切ることはできません。だから鉄はあなたのために甲斐甲斐しく動いてくれるはず。上司やビジネスパートナー、恋人にはもってこいの相手。

大地
正反対のふたりはなかなか噛み合わないかも
目移りしやすく飽きっぽい海星人と忍耐強く堅実な大地星人は正反対。受け身でスローペースな外柔内剛タイプの大地星人をコントロールしようとすると疲れるだけ。共通の夢や目標を見つけて。

花
依存されると窮屈に。ほどよい距離がポイント
未来のことを考えるよりも今を楽しむことが大事な花星人。楽しいと思う約束や予定をどんどん入れられてウンザリしてしまいそう。いつまでも仲良くしたければいつも一緒が定番にならないように。

海星人

海
同じ海同士、相性は抜群。親密な関係を築ける
水と水が混じり合うように、ごく自然に親密な関係を構築でき、相性はバッチリ。ただし、互いに自分のペースや世界を大事にする自由人なので、その部分の詮索には気をつけて。

キャンドル
気まぐれ度ピカイチ！なふたりの相性は…
双方ともに気まぐれで自由人、しかも繊細で神経質、とくれば相性はいいわけないのだけど、不思議と共通の夢や趣味が見つかると、ものすごくマッチングすることに。吉凶混合の相性といえる関係！

雨
同じ水系のふたりは似ているようで違う感性
雨が降れば海の嵩が増えるようにとても密接な関係にあるふたり。大きな夢を持つ海星人にやさしくアドバイスを与えたかと思えば、そっぽを向いたり、なんとも気になる存在の雨星人。相性はよし！

ダイヤモンド
初対面で意気投合、でも根底では反発…かも？
好奇心旺盛で自由人の海星人と好き嫌いがはっきりしたダイヤモンド星人は、瞬時に意気投合する相性のよさもありつつ、深く知るほどに違和感をおぼえる関係でも。まずは互いの側面を探求して。

太陽
大きなパワーを持つふたりは衝突に注意
荒ぶる海に対抗できるパワーを持つのは太陽だけ。とびきりパワフルなふたりは、ぶつかったときの衝撃はすさまじいものに。無二の親友、生涯のパートナーとなるか、敵となるかは距離感の調整しだい。

RAIN

雨星人

万物に降り注ぐ
恵みの雨のように
10星人すべてに影響を与える
柔軟さと優しさを持つ人

乾いた大地にしみわたり、植物や動物の乾きを癒す
すべてのものにとって恵みの水となるのが、天から降り注ぐ雨。
反面、雨は儚く、すぐに干上がったかと思えば、
嵐や洪水となって大きな脅威となることも。そんな
雨が主星となるあなたは現実的な考えをしっかりと持ちながらも
柔軟な態度でまわりのすべての人のために尽くせる人。
物事を的確に捉えることができるので
アドバイスをお願いされることも多いでしょう。
一見クールですが、内面はとても温かでユーモアに富む人。
発想や行動も柔軟性に富むために、どんな環境でもベストを尽くします。

雨星人の個性

あなたはとても現実的で柔軟な思考の持ち主。そしてそれを活かして人のために尽くす、まさに恵みの雨のような存在です。でもそんなあなたを都合よく利用しようとする人もいます。アイディアをマネしたり、邪魔したり、勝手にライバル視してジェラシーを抱いてくる人も。そんな人たちに人生を邪魔されないためにも人付き合いにはよーく注意して！　柔軟な思考の持ち主ゆえに適応能力も高く、海外生活にもすぐになじめ、どんなジャンルの仕事にも即座に対応できる能力が。基本的に仕事が好きで、雨星人には成功者やキャリアウーマンが多いのも特徴です。個性派キャラになりきるジョニー・デップや、王道アイドルから一転、オピニオンリーダーになりつつあるマイリー・サイラス、と誰にもマネできないオリジナリティの持ち主ばかり。

雨星人

ポジティブ面

生まれ住んだ場所から飛び出し、別天地や海外で生活する人が多いでしょう。雨星人が成功するためのポイントは、小さな世界の中で満足しないこと。あちこちへ出かけていろいろな情報を集めることが、成功と幸運をつかむカギになります。また、「雨降って地固まる」という言葉があるように、雨星人は物事をきちんと完成させる力に優れています。にわか雨のようにあっという間にのめりこんですぐに飽きてしまう一面もありますが、基本は、粘り強く踏ん張れる努力家。本来は、ひとりで気楽に仕事するのが向いているので、コンサルタント、経営者、デザイナー、編集者、芸能関係などが適職に。組織や周囲に合わせて仕事をするのはあまり得意ではないので、会社勤めだと息苦しさを感じることもあるかもしれません。

ネガティブ面

少しでも物事がうまく運ばなくなると、やる気が一気になくなったり、ネガティブになる傾向が。グルグルと同じことで悩み、落ち込みが止まらなくなることもありそうです。誰かの相談相手になるたびに、いいアドバイスやアイディアを出してあげるのですが、それをビジネスに落とし込むのが苦手なために、なかなかお金にはつながりません。パートナーやアシスタントによって、成功するか、遠回りするか決まるでしょう。また柔軟性に富むということは、人に流されやすいということでも。いいように騙されたり利用されたり、には気をつけて。過去のトラウマに苦しむ人もいます。幼少期に体験したことや、失恋が傷になり、愛することを怖がったり、自信を失ったり。引きずらない前向きさを忘れずに。

フォーチュンアイテム

カラー	ブラック、ブルー、ネイビー	ネイル	ドット、チェック、ストライプ、スタッズ
ファッション	水玉柄、透け感があるもの、メンズライク	フード	酵素ドリンク、水、魚介類、刺身、お寿司
アイテム	水筒、水槽、バッグ、靴	ストーン	ターコイズ、ラピスラズリ、ラリマー、パール
スポット	川、噴水、公園	アロマオイル	セージ、フランキンセンス、ヤロウ
メイク	スッピン風メイク、マスカラで目力アップ	旅先	モン・サン=ミッシェル、シンガポール、カプリ島、ロンドン、パリ

人間関係での役割

知り合いが多く、顔が広い雨星人。先輩には可愛がられ、後輩からは慕われと、どこへ行っても人気者です。一見とっつきにくく見られることもありますが、ひとたびあなたと話した人は「親しみやすくユニークな人」と思うはず。太っ腹で面倒見がよく、コミュニケーション力抜群です。ただ、何度もいうようにこの柔軟性のおかげで、周囲に流されやすいのが玉にキズ。本当は違う考えなのに、つい同調して意見を変えてしまった経験はないですか？ あなたは空から冷静に他のエレメンツを見渡すことができるのだから、他の意見よりも自分の考えを信じて。思ったこと、感じたことがその後実現したことがあるでしょう？ 雨星人は自分のことも客観的にとらえ、物事や状況を俯瞰で見ることができるのです。

恋愛・結婚

「愛した人には尽くしたい」という、献身的で情熱的な面を持つあなた。ひとたび好きになったら、どんな障害もはね除けて相手を追いかけます。彼を振り向かせるためには手練手管で、狙った獲物は逃しません。そのくせ、いざお付き合いが始まると、つまらないことが気になって一気に冷めてしまう面もあるので、交際が長続きしない人も多いよう。逆に積極的に迫ってくる相手には引いてしまうところも。自分が好きでないと、その気になれないめんどくさいところもあるのです。人恋しいときは要注意！ 相手の熱意に流されて勢いでベッドへ……なんて、あなたが遊びと割り切れるならいいですが、ひきずることが多いのでおすすめできません。雨星人は形式にこだわらないので、結婚という形には執着を持たない傾向も。

RAIN 雨星人のメンズ
「気分屋のモテ男にはミステリアスな女でいこう！」

降ったりやんだりする雨のように気分屋さんの彼。ちょっとミステリアスで色気があって、本人もその魅力がわかっているのでそこをセールスポイントにしているかも。また、疲れたり困ったりしている女性には優しい言葉をかけてあげるフェミニスト。なので、恋のライバルも多そうです。そんなモテメンズが好むのは、簡単にはなびかない高嶺の花のような女性。彼の思い通りに動く従順すぎる存在になってしまってはダメ。彼よりも上手になって、手のひらで転がすくらいのつもりで。

雨星人を取り巻くエレメンツとの相性

木
**木星人の個性を
メキメキ成長させてあげて！**
木が生長するのに不可欠なのが水の恵み。個性的な木星人にとって、自由闊達な雨星人のアドバイスやフォローはまさに宝物。どんどん成長していく木星人に雨星人はさらにひかれていくはず。

山
**認め合うことができれば
しっかり協力しあえる相性**
慎重で頑固な山星人は、要領よく生きるスマートに生きたい雨星人には理解しがたい存在。でも仕事のパートナーとなると、その慎重さがありがたみに。その際は相手へのリスペクトも忘れずに。

鉄
**気難しい鉄人間も
簡単に手なずけちゃう**
正義感が強く、誰にでも躊躇なく手厳しい意見をいう鉄星人も、あなたにだけは優しい顔を見せるはず。さらに、いつもは頑固で人の意見に耳を傾けない鉄星人が、あなたの話はきちんと傾聴。

大地
**表に出て行く雨と
地がためをする大地**
なんでもそつなくこなすことができ、あちこち飛び回る雨星人と、どっしり基盤を構える大地星人は好相性。頼られるほどしっかり者ぶりを発揮する大地星人に、思い切り甘えてしまって！

海
**互いに力を合わせることで
パワー倍増！**
雨が降り海になり、海が蒸発して雨になるように持ちつ持たれつの関係。仕事や友情、恋愛でも無理なく自然体で付き合えるはず。向上心が強いふたりなので目標やプランをたてられれば鬼に金棒！

キャンドル
**熱くて不器用な相手を
思わず応援したくなる**
アグレッシブで何事も前向きだけど、ちょっと不器用なところもある相手に、あなたはあれこれやってあげたくなってしまうはず。でも尽くしすぎてキャンドルに振り回されないよう気をつけて！

花
**一目で恋におちるかもしれない
ロマンティックな相性**
愛らしい花星人とロマンティックな雨星人、ふたりが出会うとロマンスが芽生えて瞬時に盛り上がる！なんてこともしょっちゅう。いい関係の維持にはマンネリを避け、いつまでもトキメキを忘れないで。

雨
**集まれば集中豪雨！
何もかも押し流す強さが！**
雨星人が集まったならば豪雨や洪水が一気に押し流すように、物事が成就。合理的でトレンドセッターな雨星人たちは、物事をどんどん前進させ、カップルならばお似合い、仲間なら最強に！

太陽
**互いに強くひかれあい
反発もしあう相性**
この世になくてはならない太陽と雨。ただ、あまりに性質や考え方が違うため、最初は強くひかれあい、そのうち太陽のパワーにクールな雨が影響を受けて沸騰してしまうかも。無駄な争いには注意！

ダイヤモンド
**感度抜群のふたり。
でも取り扱いには要注意**
美的センスに優れる雨星人と、感度抜群のダイヤモンド星人は尊敬しあえる相性。でもあなたが相手をコントロールしようとするとたちまちダイヤは石コロに。輝く一流品にしたいなら、ある程度自由を。

雨星人

COLUMN 2

\ネイチャーエレメンツでこんなことまでわかる!/
華麗なるセレブの人間模様も星しだい

自分のエレメンツだけでなく、周囲の人や、元恋人、パートナー、家族、友人などのエレメンツを知ると、自分がどんなタイプの人にひかれやすいか、好かれやすいのか、信頼できるか、苦手なのかなどがわかるようになります。

モテモテ独身男のハートを射止めたのは太陽のごとき灼熱の女性

たとえば、ハリウッドスターのジョニー・デップは、ブレイク後に浮名を流したウィノナ・ライダー、ケイト・モス、ヴァネッサ・パラディ、そして、電撃結婚をしたアンバー・ハードと、恋の相手はすべて、太陽、キャンドルなど、火系エレメンツです。海外ドラマ俳優からハリウッド俳優にうまく転身したジョージ・クルーニーは、そのセクシーな風貌で長らく憧れの独身男性の冠を欲するままにしていましたが、レニー・ゼルウィガーなど、数々の女優と同棲、結婚秒読みといわれつつ、一度の離婚経験を理由に、独身主義を主張していました。過去には、交際期間の長い恋人がインタビューで彼との結婚について答えただけで、破局してしまったことも。なのに、パーティーで出会った人権派弁護士のアマル女史には、彼のほうが熱烈にアタックし、即、結婚へ。今までの交際相手は彼の態度の豹変っぷりに愕然としたのでは。ところが調べてみると、なんとジョージが交際した数ある女性の中でも、太陽星人は、前妻とアマル弁護士のみ! おおらかな大地星人の彼は、太陽星人の熱烈なパワーがたまらないのかもしれません。

生まれながらのスターはほかの才能にもジェラシーいっぱい?

このように、なぜか、気になってしまう人、ひかれてしまう人は同じエレメンツばかりってことは、実際の鑑定でもよくあることなんです! そのほかにも、音楽シーンに歴史を刻んだマドンナは、見られることで花開く花星人という、まさにエンターテイナー向きのエレメンツ。そんな彼女は、同じくクリエイター気質であるダイヤモンド星人のことがどうにも気になるのか、一度は大親友といわれたグウィネス・パルトロウ、実は遠い血縁関係にあるというグウェン・ステファニー、第二のマドンナとたとえられたレディー・ガガなど、喧嘩したり、いちゃもんをつける相手はダイヤモンド星人ばかり。過去には、エミネムにコラボをオファーし、断られたという経緯もあるみたいだし、本当はダイヤモンド星人のセンスや才能が気になってしょうがないのかも。

まわりの人、過去の人のエレメンツを知ることが、自分を知ることに

もちろん、これは海外セレブにだけしか当てはまらないわけではなく、日本の芸能ニュースを占ってみても、恋の噂に上がる相手がいつも同じエレメンツ、というケースはとても多いのです。だからこそ、自分のまわりにいる人のエレメンツをチェックしたり、過去にお付き合いした人のエレメンツを書き出してみたり、自分の好きな俳優や歌手などのエレメンツを知ることで、自分が相手になにを求めているのか、どうすればお互いにとってより良い関係を築けるか、が見えてくるものです。そして、それを知ることが、おのずと自分を深く知ることにもなり、幸運体質へと変わっていくきっかけになるのですよ!

第 4 章

これぞ究極のイヴルド占い！
幸運体質を引き寄せる
すべての答えがわかります

ネイチャーエレメンツ×マインドナンバーが導くフォーチュン運命占い

さあ、あなたの本質も、
まわりをとりまく人間関係のことも
だんだんとわかってきました。
最後に、私の集大成ともいうべき
占いをお届けします。
エレメンツとナンバーを組み合わせることで
わかる幸運体質への最短距離。
ぜひともハッピーなゴールへと駆け抜けて！

木星人 × マインドナンバー

樹木が上へ上へと伸びていくように
向上心も上昇志向も強い木星人。
個性豊かで、ひとつのことにとらわれるというよりは
あれこれと手を出したほうがハッピーにつながるマルチ人間。
マインドナンバーの持つ本質と交わることで、
こうしたアグレッシブな姿勢がますます強調されることでしょう。

木星人 × 1　個性と感性を活かして、運命の仕掛け人を目指しましょう！

人の前を行くチャレンジャー！　さらにあなたは個性的な人。まさにオンリーワンの存在。あなたの人生はどれだけ個性を出せるかで決まるといっても過言ではありません。SNSで発信しているうちに、フォロワーがどんどん増えて影響力のあるインフルエンサーとなることも。思いついたことは即行動してみましょう。あなたの感性やアイディアがお金や仕事につながるはず。木星人は、なかなかストレートにモノをいわないところがあるので、家族や親しい友人にも何を考えているのかわからないといわれたこともあるでしょう。そんなところもあなたの魅力でもあるのですが、ここぞというときにはストレートな表現をしないと、相手に意思が伝わらない可能性大。いろいろな趣味や才能をもち、駆け引き上手な恋愛上手が多いのも特徴です。狙った獲物は逃がさない、恋の狩人間違いナシ！　もしも、そうでないというのなら、それはあなたが自分自身の魅力をわかっていないから。もっと人生と運命に対して仕掛けていきましょう！

最強のフォーチュンアイテム

- 個性
- 新作映画
- ココナッツミルク

木星人×マインドナンバー

木星人×2 興味のあることには手当たりしだい首を突っ込んでいいのです!

木の枝が枝分かれして、上を目指して生長していくように、あなたは、ひとつのことに集中するよりも、興味のあることは何でもとにかく手を出してみるのが正解です。さらに、ひらめきや浮かんだビジョンもまたあなたに幸運を知らせるサイン。才能やアイディアで成功を収めることが珍しくありません。音楽やアートなど、センスが発揮できる趣味はぜひ持っておいて。木星人は芸が身を助けてくれる可能性が高く、趣味が高じて、気づいたらセミプロになってしまうこともありえます。仕事は、自分なりのアレンジができるような比較的自由な働き方が性に合っています。恋愛も打算的に動くよりもトキメキ優先で! あなたを振り回すような身勝手な人は、あいません。ボロボロになってしまうだけ。パートナーによって人生が大きく変わりますから、お金にルーズ、暴力的な人は問題外。趣味の場で出会った相手とは末永く良い関係が築けそうです。もしも、恋愛が不調であれば、男性寄りの趣味の集まりなどに参加してみて!

最強のフォーチュンアイテム
- ギター
- スタイリング
- 美容液

木星人×3 あなたの持ちうる知識のすべてを人に伝えていきましょう!

引き出しをたくさん持つ木星人であり、マインドナンバー3のあなたはとても博識。興味のある分野では、プロ並みの知識を持ち、趣味が高じて免許や資格を持つことも珍しくありません。あなたは普通にしているつもりでも、個性的なあなたの言動は注目の的。やたらと張り合ってくる人や、詮索してくる人がいるかもしれません。それくらい、あなたは天性の力で人を引き寄せるのです。あなたは、人に教える立場になれる器。だけど、木星人はすべてを教えるよりも、言外から感じとってほしいと思うため、やや言葉足らずになってしまう傾向が。あなたは人と関わることで成長し、縁が幸運をもたらします。だから、面倒くさがらずに、そのすばらしい知識を発信して。知識があなたの人生の重要なカギなので、いくつになっても学ぶ姿勢を大切に。恋愛はあなたのことを尊敬してくれる相手がベスト。あなたの精神年齢の高さに、年上のカレがメロメロになるかも! その場合は知識を過剰にひけらかして彼のプライドを傷つけないように気をつけて。

最強のフォーチュンアイテム
- 石鹸
- アイマスク
- テーブル

木星人×4 弱気は厳禁。常に攻めの姿勢でいることが幸運を招きます！

木星人は、世間の価値観よりも自分の感覚を優先します。そのため、一筋縄にいかないところが男性のプライドをくすぐるのか、玉の輿にのるタイプが多いのです。さらにマインドナンバー4は、クイーン！ まさに女王気質で、無意識に周囲がひれ伏すオーラの持ち主。仕事も恋愛も欲張って大丈夫。あなたが望めばたくさんの幸せと成功を手に入れられます。仕事では、指示待ち人間になってはいけません。率先して動くことで、未来も開かれます。不満を抱えたまま、なんとなく働くのではなく、明確な目標をもってください。弱気になった瞬間、表舞台に出てこられなくなります。いつも自信をまとい、堂々と振る舞うことで運気は強大に。さらに、どんな道でもトップに立つことができるほど高い潜在能力の持ち主です。仕事に打ち込んでしまうと、恋愛はやや遠のいてしまうかもしれません。でも、愛されている、大切にされていると感じることでさらに美しくなれるタイプですから、恋愛がご無沙汰になってしまっている場合は、恋心をお忘れなく。

最強のフォーチュンアイテム
- ヘアブラシ
- 長財布
- アピール力

木星人×5 自ら決断し、トップを目指す。それが実現できる人です！

マインドナンバー5はキング！ サバサバドライタイプで、女性特有の粘着質な付き合いは苦手。もっとも成功者に多いのがこのナンバーです。権力と成功の両方を手にするのも夢ではありません。我が道を行き、定めた目的に向かって突き進む、まさに王者の器の持ち主です。だって、あなたには人の意見に従ったり、顔色をうかがうなんて向いていません！ 自分の信念で決断しましょう。仕事ではトップに立つような活躍も望めます。だからこそ、高い目標をもってください。
恋愛は、あなたほどの人に釣り合う人はなかなかいないかも？ あなたの輝かしいキャリアに恐れをなしてしまって、あなたをリードできる相手は希少なのです。一緒にいて高めあえるようなメリットや、ひかれるものがなければ、シングルのままでいたほうがいいと考えてしまうかも。でも、木は安定した場所に生えれば、大きく育つことができるように、理解しあえるパートナーと出会えば無敵！ 家庭のことを率先してサポートしてくれるような家庭的な人が最適です。

最強のフォーチュンアイテム
- 突進
- 貯金通帳
- 腕時計

木星人 × 6 自分の精神の底にある知識や見識をみなに伝えて

生まれながらの伝道師で、自分のスピリッツを人々に伝える使命を背負う人。ですが、木星人はあえて本音を隠すようなトリッキーな面を隠し持っています。人の意見を決して鵜呑みにせず、自分が納得できるかどうかが基準。だから、興味のある分野ではかなりの知識を会得し、話しだすと止まらないことも！　でも興味がない分野はさっぱり、です。苦手なこと、嫌なことはどんどんやる気が低下して迷走してしまうので、これはなんだか違う、と感じたら、部署異動を希望したり、転職活動を始めて。指導係や広報など、人に伝える立場に向いています。まわりが取っ付きにくいオーラを出していると宝の持ちぐされだし、知識のひけらかしすぎも敵を作ることになるので厳禁です。恋愛は、伝達がキーワード！　あなたは無意識にミステリアスな面をもっているので、アプローチしづらい人もいるかもしれません。恋人がいないのにいるような素振りや、嫉妬を誘うためにほかの男性の影をチラつかせるのも逆効果！　好きな人にはわかりやすいアピールを。

最強のフォーチュンアイテム
- 古い映画
- 共感
- アイディア帳

木星人 × 7 人生のベースとなってくれるよきパートナーを探しましょう

あなたは、パートナーの存在が大きく人生を左右します。素敵なパートナーに恵まれれば最高の人生を送ることができるし、逆にダメ男に捕まってしまうと人生に翻弄されてしまいます。また、身近な人からも大きな影響を受けるので、友達、付き合う相手は慎重に選びましょう。素行が悪い人と付き合っていれば、そちらに一気に染まってしまいます。木星人は、ベースが重要。どんな大木も、よい土壌の上にしか育たないように、マインドナンバー7の木星人であるあなたには、仕事や労働環境、職場の雰囲気などがとても大切です。あなたの良さを発揮できる場所との出会いを探していきましょう。恋愛は、あなたの人生に欠かせないエッセンス。常にキュンキュンしておくことで、張り合いが生まれます。好きな人すらいないと諦めずに、出会いを求めて自分から出かけていきましょう。趣味の場もキーワード。恋愛上級者も多い木星人で愛され上手なラバーなんですから。でも、調子に乗って男性を弄ぶと、手痛い仕返しにあってしまいますので気をつけて。

最強のフォーチュンアイテム
- 甘える
- スリット
- コスプレ

木星人×8 自分自身のこだわりを活かせる生き方ができるかが大事

あなたは、正義感が強く、常に自分の限界にチャレンジします。妥協を許さないこだわり派。気になったことは徹底的に調べ、理論武装したあなたの口ゲンカに勝てる相手はなかなかいないでしょう！ 仕事の成功は、そんなこだわりをどれだけうまく活かせるかにかかっています。業務よりも働き方や人間関係に煩わしくなり、職を変えることもあるかもしれません。あなたは器用なので、どんな仕事でも理解して、うまくこなすことができます。ただし、それゆえ職を転々としていると、器用だけどお金にはつながらない状態になってしまうので気をつけてください。恋愛は、あなたのこだわりを理解してくれる人でないと、激突必至。というのも、あなたの道徳観念やマナーがしっかりしている分、相手にも同じレベルを求めてしまうから。あまり細かく指示を出すと、彼がゲンナリしてしまうので、あなたの意識が高すぎるということを肝に銘じてください。フリーの場合も同様。相手に高いレベルを求めすぎると、なかなかお相手が見つかりません。

最強のフォーチュンアイテム
- 雑誌
- ログハウス
- 猪突猛進

木星人×9 大きく間口を広げておくことでどんどん幸運が舞い込む！

木がたくさんの枝を広げて、大きくなっていくように、木星人はいろいろな分野に手を出していくことで、たくさんの可能性とビジネスチャンスを手に入れられます。さらにマインドナンバー9も人よりも多くのものを手にする人。だから、余計に手広く展開できる運勢を持っているのです。気になったことはなんでもやってみましょう！ ふたつをバランスよく保つことがあなたの人生のテーマなので、仕事では副業も視野にいれてください。ときにはのんびり過ごすなど、バランスのいい時間の過ごし方も意識してください。私生活を犠牲にしてまで仕事に打ち込む、お金よりもやりがいを仕事に求めるなど、どちらかに偏りすぎてしまってはダメですよ。恋愛におけるあなたの魅力は、コロコロかわる表情やストレートな感情表現。相手を意識しすぎて、頭で考えて行動してしまうと、せっかくの恋愛運をつかみ損ねそうなので注意。海外のかたにも縁があるので、国際結婚も向いています。妊娠を機に結婚、というおめでたいことが続く可能性もあります。

最強のフォーチュンアイテム
- ハプニング
- 協力者
- ブーツ

花星人 × マインドナンバー

見た目も麗しく、
華やかなオーラに彩られた可憐な愛され人、花星人。
トレンドや流行を使いこなす
自己プロデュース力の達人にして恋愛至上主義者のあなたに、
マインドナンバーの持つ強弱さまざまの本質が
加わることで、多彩な恋と人生模様が描かれます。

花星人 × 1　生き生きと活動するためには恋も仕事も全力投球で！

あなたは花は花でもワイルドフラワー！　大地に根づき、グングン育ち、多くの人に愛されるフレンドリーさが魅力です。さらにマインドナンバー1のチャレンジャースピリッツを併せ持つので、まるでタンポポのように、強くたくましい一面も持っています。やりたいことに対して、一直線のあなたは、仕事ではたとえオーバーワークになろうとも、目標達成のために突き進みます。だけど、本来のあなたはお花ちゃん。無理をすると、心も体も枯れてしまい、なんのために自分は働いているのだろう、と心が折れてしまいます。花星人の生きがいは、楽しく華やかなこと。ストイックになりすぎず、時にはテンションの上がるイベントに参加したり、自分のための時間を確保して。恋がうまくいっているほうが、仕事もノリノリというタイプなので、できれば常に恋はしていたいもの。異性の目を気にすることが、あなたの美を保つ秘訣なので、美容師やマッサージ師は男性が担当のほうがいいかも。もちろん、常に恋のアンテナは尖らせておきましょう！

最強の フォーチュン アイテム

絶景

記念日

シフォン プリーツ

花星人 × 2　天真爛漫なマジシャンはやりたいことを早くから見つけることで大成功を手に!

天真爛漫な花星人に加え、自らのアイデアで奇跡を起こすマジシャン、マインドナンバー2のあなたは、周囲が予想もつかない大成功を遂げる可能性を秘めています。そのためには、あなたが自分自身の才能を自覚し、アイデアを具現化すること。それは早ければ早いほうがベターです! また、花星人は美がキーワード。メイクやファッションといった美容やトレンドなどに敏感でいるようにして。仕事でも美に関係することは適職です。もちろん普段の装いにはトレンドをうまく取り入れ、花盛りの花が、凛と上を向いて堂々としているように、いくつになっても堂々と前を向いてください! 恋愛でも、一見、高望みかと思える相手でもアプローチ次第で手に入れることができる強運の持ち主。恋が実るポイントは、あなたと一緒だと彼のテンションがアガるような楽しい存在であること。ただ、花星人は相手にかまってほしいあまり、わざとワガママを言ってしまうことが多いのです。ときに逆効果になってしまうので、そこは注意!

最強のフォーチュンアイテム
- アートネイル
- バレンタイン
- リッチ

花星人 × 3　趣味が高じて職業となることも。収入とやりがいのバランスには気を配って

マインドナンバー3は、ティーチャー気質。人にものを教えることが上手で、気づいたら、教えて、と頼られることも多いのでは。このナンバーの人は、小さいころから心のなかでじっくり考える思慮深さを持ち合わせています。そして、花星人は、美容やアパレル、ビューティ系と縁があるので、趣味が高じて、いつのまにか講師になるようなことも考えられます。ただし、あなたには安定した場所が必要。不安定な雇用形態や経済状況では、不安からせっかくの才能が発揮できなくなります。収入とやりがいのバランスを大切にしましょう。恋愛では、花星人もマインドナンバー3も、恋のキーワードは、チャーミングな一面。真面目に考えすぎたり、相手からどう思われるか、にとらわれてしまうと、あなたのせっかくの魅力が伝わりません。普段は、キッチリしたあなたがふと見せる隙に、相手は親近感をもち、キュンとするはずです。相手は、あなたが尊敬できる人でなければ、付き合っていくうちに嫌気がさしてしまうので、そこは気をつけて。

最強のフォーチュンアイテム
- 1日体験教室
- 果実
- ハイヒール

花星人×マインドナンバー

花星人×4　いつも主役級の存在感を保てるよう、いいパートナーやサポーターを探して!

あなたはとても華やかな人。その場にいるだけで、場が明るくなるようなオーラを持っています。だってマインドナンバー4は、クイーン。トップに立つべき器なんです。それを忘れずに、いつも主役級の装いとふるまいを保ってください。女性的なことがキーワードなので、美容関連や女性の多い仕事に就くことも珍しくありません。クイーンの横にはキングやサポーターの存在が必要であるように、あなたには周囲の存在が不可欠です。ひとりでなんでもしようと思ってはいけません。仕事も恋愛も、良い人との出会いを求め、積極的にかかわりましょう。パーティーやSNSなどにはぜひ積極的に参加を。花は良い手入れのもと、ますます美しく咲くように、恋人には、あなたに良いアドバイスをくれる、知識や経験が豊富な人がふさわしいでしょう。あなたと同じように楽しいことが大好きな人と結ばれると、良い時間は過ごせても、将来の貯金や計画性をしっかり立てないと、お金のトラブルにつながりそう。浪費家の自覚があるなら、早めに貯金を。

最強のフォーチュンアイテム
- ボディライン
- 貸切
- シャンデリア

花星人×5　キングの強いパワーと花のか弱さが混在する、魅力的な人です!

マインドナンバー5・キングのあなたはとても強いパワーを持っています。しかし、エレメンツのなかでも、か弱い花星人という正反対の性分も持っています。仕事や人前ではパワフルに行動していても、本来はデリケートなので、体調管理や心身のバランスを崩さないよう、無理は禁物。ハードワークを続ければ、いつかポキリと折れてしまいます。あなたの癒しは、マッサージやネイルなど美に関すること。ラグジュアリーな空間での食事や時間も英気を養えるので、あまりケチケチしてしまうのはNG。倹約よりも、節約、の精神で。恋愛は、あなたのことを立ててくれるような控えめな人が最適です。あなたは、愛されることで相手をより信頼し、愛するようになります。なので、最初は興味がないと感じた人も、付き合ってみると案外しっくりくるかもしれないので、アプローチされたら慎重に吟味を。キングは狙った獲物を逃さない恋愛マスターが多いので、こちらから好きと言わずとも、それとなくアプローチをしたり、押し引きと駆け引きでいくのもあり!

最強のフォーチュンアイテム
- 浄化
- 幻想的
- デンタルケア

花星人 × 6　キャッチした情報はツールを駆使してどんどん発信していくのが吉!

情報キャッチ力が高く、雑誌エディターやデザイナー、TV関係者に多いという特徴を持つ花星人はまさにトレンドセッター。さらにマインドナンバー6は、好奇心旺盛で、いいものは人に教えたいタイプ。メッセンジャーとして、日々情報を発信できるSNSやブログは、あなたにとって最高のツール! センスの良いあなたの情報を楽しみにするフォロワーも現れそう。仕事では、細かい作業や単調な作業より、センスを問われるような仕事にやりがいを感じます。恋愛面では、人に自慢できる相手をパートナーに求めてしまう傾向があるので、恋人候補すら見当たらないというなら、理想が高すぎなのかも。花星人は、いくつになっても恋愛を楽しむ人も多いのですが、相手がいれば、早い結婚もアリです。また、刺激を求めて不倫や、気性の激しい人を選んでしまうと、苦しい思いをしてしまうことになりそうです。花は、土がなければ、安定できないように、あなたの見た目だけではなく、内面も評価してくれる、落ち着いた相手を探しましょう。

最強のフォーチュンアイテム
- ハンカチ
- 約束
- 花瓶

花星人 × 7　生粋の恋愛体質＆恋愛至上主義者はパートナーとの出会いが幸運のカギ

マインドナンバー7は、生まれつきの恋愛体質、ラバー! さらに花星人も、恋愛至上主義! この組み合わせの人は、良い恋愛が人生にそのまま影響を与えます。だから、パートナーと出会うことで運命が一気に変わり、人生が激変してしまうことが少なくありません。もしも、良い相手がいないと思うのであれば、あなたも、理想の相手と出会えるような場に出ていく努力が必要です。適当な目で仕事や恋人を選んでいると、いつか後悔する日がくるかもしれません。花は人に愛でられるとより美しく咲き誇るように、あなたは活躍することで人生がより輝くのです。日陰にいるとせっかくの花も萎れてしまうから、明るい場所に飛び出して! 恋愛は、なるべくしておいたほうが、日々の潤いとなり、テンションが上がります。ただ、不安定な恋愛をしてしまうと、ダイレクトに精神に反映され、仕事も手につかないようになってしまう恐れが。相手は誠実であることが第一条件。ルックスが良い人ほど、理想が高くなりがちなので、気をつけましょう!

最強のフォーチュンアイテム
- 誕生日
- パジャマ
- 香水

花星人×マインドナンバー

花星人×8 曲がったことが嫌いな正義漢は背伸びすることでさらにまっすぐ伸びる!

マインドナンバー8は、とても正義感の強い人。曲がったことが大嫌いで、職場で規律を乱すような人をみると、一言言わないと気が済まないはず。そして理路整然としたあなたを論破できる人は少ないでしょう。明確な目標が見つかれば、どんな障害や反論する人も、実力でねじふせるファイター。ただし、花がデリケートであるように、本来のあなたは心身共に繊細なので、オフの時間はたっぷり自分を甘やかし、心の栄養をチャージしてあげて。あなたは栄養を与えられるほど、それにこたえられる人。だから年上や、尊敬できる人との付き合いを大事にしましょう。背伸びをすることで、グングン伸びることができるので、尊敬できないような人との付き合いは控えて。恋愛でも、同い年や年下には物足りなさを感じてしまうかも。体より、精神の結びつきを大事にするので、会話が尽きない気の合う人がベストパートナー。また、あなたは美意識が優れているので、オシャレな人もおすすめ。だらしのないルーズな人にはイライラさせられるはずです。

最強のフォーチュンアイテム
- アルバム
- ボディクリーム
- カフェテリア

花星人×9 ふたつのことを自在にこなすことで可能性も運勢もどんどん広がります!

バランスが人生のキーワードのマインドナンバー9と、刺激的な場所にインスピレーションを受ける花星人。パリや東京など華やかな場所に出向いたり、定期的に旅行に出かけることがあなたに良い効果をもたらします。仕事をふたつもったり、仕事と同じくらい趣味に情熱を傾けたり、あなたは常にふたつのことをこなすことで人生が豊かになるタイプ。やりたいことをひとつに絞ったり、選んだりすると、逆にあなたの可能性を狭めてしまうので遠慮は無用です。恋愛は、浮気や不倫など、秘密の恋にも縁が強いため、用心が必要。スピリチュアルなパワーも強いので、運命的な出会いで恋に溺れてしまうかも。異文化もまたあなたに学びを与えてくれるので、海外のかたも好相性。職場恋愛や、友人から恋人へ変化するのも吉です。あなたは心も体も結びつきたい、高い精神世界の持ち主。お互いに深く知り合いたいと考えるあまり、ガードが固くなりすぎたり、頭で考えすぎると恋から遠のいてしまいます。適度なフランクさも大事に。

最強のフォーチュンアイテム
- エッフェル塔
- ジャスミン
- 諦めない

太陽星人 × マインドナンバー

陽気でパワフルな人気者はどこにいっても場の中心。
そんなバイタリティあふれ、活力に満ちた太陽星人に
マインドナンバーの本質が加わると
その強さ、エネルギッシュな部分に深みがプラス。
大きな成功や幸せな恋愛へのステップのカギに。

太陽星人 × 1　タフでエネルギッシュなチャレンジャーは夢をとことん追いかけて！

エレメンツのなかでも、唯一地球外の生命で無限エネルギーを持つ太陽で、さらにナンバーのなかでももっともチャレンジャーであるあなたは、とってもタフでエネルギッシュな人！ 人に指図されることより、自分なりのやりかたを模索したいタイプなので、起業家にも多い組み合わせです。あなたのアイディアは常識外れなので、時には人から理解されないこともあるかもしれませんが、それほどあなたのスケールは大きいので、仕方ありません。だけど、周囲が反対することこそ、ビジネスチャンスである可能性も高いので、諦めずにトライを！ 海外に行くことでアイディアが降りてくることもあるので、旅行は重要な習慣。恋愛は、仕事に夢中になるとそっちのけになってしまいがち。精神が自立しているので、恋人に甘えたい気持ちがあっても、なかなか素直に甘えられず、相手がモタモタしていれば、すぐにあなたがリードしてしまうでしょう。そんなあなたの隣にいてくれる気を使わないで良い年下の男性や、フランクな男性が相性よし、です。

最強のフォーチュンアイテム

- ベランダ
- 思いつき
- リフトアップ

太陽星人×マインドナンバー

太陽星人×2　想像したことを実現させる能力を持つので常にポジティブマインドで！

周囲への強い影響力を持つ太陽星人。自覚していなくても、あなたの言動は人目につきやすく、良くも悪くも目立ってしまうのです。さらにあなたはマインドナンバー2のマジシャンで、想像したことが実現してしまうミラクルな引き寄せ力をもっています。だからこそ、ネガティブなことを考えてしまうと、それが実現してしまうのが心配！　たとえツラい状況でも、太陽は人々の希望の明かりであるように、なるべくポジティブマインドをキープすることで、状況も好転するはずです。太陽星人はキャリアウーマンが多く、仕事をなによりも大事にする人も少なくありません。しかし、仕事で行き詰まったときに後悔することにならないように、自分のほかの人生も大事に！　家庭をもつことで、それが良いプレッシャーと癒しになるので、どんなに仕事が忙しくも、子供を持ちたいという意思があれば諦めないで。あなたはどんなことも叶えてしまうパワーを持っているのですから！　しっかり者なので年上でも年下でもどんな世代とも付き合えるはずです。

最強のフォーチュンアイテム
- ボディタッチ
- 明確
- カラフル

太陽星人×3　そのパワーと根性で優しく厳しく人を育てて教えて

マインドナンバー3は人に教えを与えることができるティーチャー。さらに太陽が、すべての生命の命を与えるように、あなたはとても先生に向いています。母性が強いので、子供や後輩育成など、温かく、時に厳しく教えることができるでしょう。しかし、あなたはどのエレメンツよりパワフルで根性がある人。スパルタ&おせっかいが過ぎる場合もあるので、自らの言動をセーブする必要があるかも。あなたにはできて当然なことも、他人にはそうでないことがあると心に留めておいて。恋愛でも、気づいたらあなたがリードしてしまうかもしれません。それくらいあなたは面倒見がよく、行動力に長けています。場合によっては、そんなあなたの言動で運命が左右されてしまうので、相手の様子をみて、力加減を。あまりにも世話を焼いて、母親のような存在になってしまうと逆効果です。また、ひとりでもなんでもできるスペックの高さをもっているので、ひとりが最高！　と思うと縁遠くなる原因に。本当にずっとおひとりさまでいいのか自問自答をしてみて。

最強のフォーチュンアイテム
- 壁時計
- 最高
- トマト

太陽星人 ×4　強烈なパワーと個性を持ってして仕事も結婚も出産も手に入れられる！

パワフルな太陽星人で、さらにマインドナンバー4、クイーンのあなたは強烈な個性の持ち主！　おそらく、子供のころからずっと場の中心人物となっていたのではないでしょうか。多少ワガママな面があっても、不思議とそれが許されるような存在感なのです。ただし、あまりにも好き勝手にふるまってしまうと、カンカン照りが植物も水も大地もすべて枯らしてしまうように、総スカンをくらう原因に。あなたの感覚がずば抜けているので、周囲にもそれを求めてしまうのは酷ですよ。太陽星人は創業者や社長が多いので、アイディア次第で、ビジネスで大きなチャンスをつかむことができるでしょう。恋愛は、一筋縄でいかないあなたの魅力にひかれる男性も多数。ただし、あまりにもパワーが強いので、怖気づいてしまう人もいるはず。時には思い切りフェミニンな装いで、弱音を吐いたり、ギャップを見せて、女性らしさを演出して。結婚や出産は、あなたに新しい見識を与えてくれます。仕事でそんな余裕ない、なんて思わず、実現のために動きましょう！

最強のフォーチュンアイテム
- 絶対
- ヨガボール
- 睡眠時間

太陽星人 ×5　男女両方から慕われる王国を築けるカリスマ性を大事に

誰よりも目立つ太陽星人で、マインドナンバー5のキングであるあなたに、カリスマ性はたっぷり！　いつでも堂々として、どんなときも切り抜ける頭脳と度胸には、同性の女性がホレるほど。そんなあなたは自分を慕う人は、広い懐で受け止めますが、気に入らない人は、完膚なきまで叩きのめし、力の差を見せつけるでしょう。そのため、人によって態度を変え、恐怖政治をしいているとあなたを恐れる意見も出始め、周囲が近寄らなくなってしまうのでご用心。王は、民に慕われることで、王国が栄え、潤うように、あなたも人望を得られるかどうかで仕事運が決まります。恋愛は、あなたに憧れていても、隙がなくて声をかけられない人がいるかもしれません。無意識に眉間や口元に力がはいって、固い表情になっていないかチェックして。また恋人とのイザコザで、相手を上から正論で押さえつけてしまうと、口論には勝っても、彼はプライドを傷つけられ、ヘソを曲げかねません。前向きな言葉を使って、うまくコントロールしましょう。

最強のフォーチュンアイテム
- プレゼント
- 夏
- ヘアケア

太陽星人×マインドナンバー

太陽星人×6 いつも笑顔とハッピーを振りまいて！あなたは笑いと幸運のメッセンジャー

太陽の日差しが、笑顔マークで描かれることが多いように、太陽星人の魅力は笑顔！ 人生のテーマは笑い！ あなたが笑うことで、明るいムードになり、周囲も楽しい気持ちになるでしょう。だから、あなたが暗い顔やネガティブな話ばかりしていると運気半減。マインドナンバー6はメッセンジャーで、人に伝えることが天命なのですが、そのあなたが負のオーラを出してしまうと、みんなも負の方向へとつられてしまいます。また、目立つあなたは職場の人間関係のトラブルに巻き込まれたら、首謀者と勘違いされかねないので、相手にしないこと。口が災いのもとになりやすいので、うかつな発言には注意。仕事ではリーダーシップと存在感を発揮し、活躍する人が多いので、なるべく長く仕事は続けたほうがいいでしょう。恋愛は、なかなか弱音を吐けないあなたの心の拠り所になるので、パートナーの存在は大きいです。相手は収入やルックスより、フィーリングが合うかどうかが重要。理想を欲張らずに、理解してくれる度量の広い相手であることが先決！

最強のフォーチュンアイテム

- 寄付
- 洋書
- 引っ越し

太陽星人×7 「愛」が人生を豊かにします！いろんな人や物にキュンキュンときめいて！

情熱的な太陽星人で、マインドナンバー7・ラバーのあなた。楽しいイベントが大好きなラテン民族のように、テンション高くノリノリ！ あなたの惚れっぽい部分は、人生をドラマティックに過ごすために必要不可欠のスパイスです。好きな人が多いほど気持ちが盛り上がるので、付き合わなくとも、人間的に好きな人、憧れのアイドルや俳優などにどんどんキュンキュンしましょう！ 「愛」があなたの人生を豊かにするので、愛することをなにより大切にして。チャリティ活動は、小さなことでもあなたの使命感を強くしてくれます。太陽星人にとって、自分さえ良ければOKという自分勝手なマインドは、孤立の原因に。仕事では周囲との協力、サポートを重視しましょう。パートナーとの出会いからビジネスチャンスをつかむことも多いので、恋人の趣味や世界は率先して興味を持って学びましょう。海外旅行や外国人との交流も良い刺激に。太陽が移動するように、国内と国外や、国内のなかでも出張など、移動が多い仕事も適職です。

最強のフォーチュンアイテム

- 初体験
- ひまわり
- サングラス

太陽星人×8　抜群のリーダーシップで困難な目標にも突き進める人です！

太陽星人でマインドナンバー8・ファイターのあなたは、目標があるほど燃える猪突猛進タイプ。正義感が強いので、意見の合わない人に合わせることや、年齢や立場にかかわらず、納得できない言動をとる人を許せません。そのため、仕事ではあなたから理路整然と責められた相手はぐうの音もでないでしょう。太陽星人は、喜怒哀楽が激しく、怒ったときはすさまじいですが、そのあとはケロッとしてサッパリ。でもそのギャップに周囲がついていけないことも。怒りに身を任せた言動は身を亡ぼす原因です。気をつけて！　もともと、人に使われるより、自分がリーダーシップをとったほうがヤル気がでるタイプなので、どんな仕事でも任されるようになるくらい、責任をもって向き合いましょう。起業や自営業は、仕事の結果が目に見えるので、やる気がでやすいはず。ただし、心身ともに無茶をしすぎるので、私生活とのバランスを取りましょう。恋愛は、忙しいと心の余裕がなくなり、神経質になりやすいので、おおらかな人がよいでしょう。

最強のフォーチュンアイテム

- ボランティア
- 日焼け止め
- 絵画

太陽星人×9　緩急リズムをつけた人生が最終的に幸運を招きます！

太陽がずっと照らし続けると、どんな生命も育たなくなるように、太陽星人にはバランスが大切。活動的な日中を過ごしたら、夜はゆったり過ごすなど、生活リズムに緩急をつけましょう。テンションがあがってしまうと、寝ずに集中してしまうエネルギーの持ち主ですが、無理がたたると、たちまちダウン。まだ大丈夫、と自分を過信せずに、あえて休んだり、健康診断を受けるなど管理を心がけましょう。楽な仕事を選んでしまうと、あなたの特技が活かせずに、将来的に職に困ることになりかねません。資格や免許、あなたにしかできない仕事を探して。恋愛は、年齢や職業関係なく、精神の結びつきが重要。不倫や二股、体だけの関係で心のバランスを崩さないように注意して。スピリチュアルなアンテナが高いので、欲をなくしてしまうと、恋愛からも縁遠くなってしまいます。恋人募集中であれば、趣味の場や旅先での出会いがトントン拍子に発展しそう。海外との縁が強いので、語学学校や海外の食、レストランやバーなどもいいでしょう。

最強のフォーチュンアイテム

- 童心
- 別荘
- サンダル

キャンドル星人 × マインドナンバー

見る人の心をホッとさせるキャンドルの炎。
癒し系でヒーラー体質のキャンドル星人は
身を削ってまわりに尽くすので、ちょっと疲れてしまうことも。
マインドナンバーの本質から、その心労を和らげる
キーポイントを見つけるのがおすすめです!

キャンドル星人 ×1 ハードワークで心のバランスをくずさないよう、気をつけて

キャンドル星人は、トレンドをうまく自分流にアレンジすることができる、ブームの火付け役タイプ。なにげないあなたの着こなしが、グループ内に流行ったり、オシャレだと言われることも多いはず。さらにマインドナンバー1・チャレンジャーのあなたは、会社ではアイディアマンとして活躍するでしょう。ただし、キャンドルが身を削りながら灯りをともしているように、やや無理をしてでも頑張ってしまうため、ハードワークが続くと、気づいたら涙が止まらなくなっていた、なんてメンタルダメージを受ける恐れが。本当は人情に厚く、とてもハートウォーミングな性根なのに、人見知りすぎて、初対面の人に冷たい印象を持たれたり、誤解されることがしばしばあるでしょう。だからこそ、長い付き合いの友人や家族、恋人を大事にして。思ったことを言わずにいられないあなたの素直な性格をわかってくれる人がいれば、活力がわいてくるはず! いい恋は、あなたの精神安定剤。情熱的なあなたを受け止めてくれる穏やかな人がおすすめ。

最強のフォーチュンアイテム

- 交流
- なんとかなる
- 焼き野菜

キャンドル星人 ×2 目指せば、簡単にその道のカリスマになれる才能の持ち主です

キャンドル星人には、会話のセンスが高く、おしゃべり上手な人がたくさん。でも、気乗りしないときや不慣れな場では無口になる繊細な一面が。そしてマインドナンバー2は、マジシャンのように見るものを魅了するカリスマ性の持ち主。あなたは、優れたセールスマンや敏腕経営者、アーティスト、と望めばその道のカリスマになれる才能を持っています。とはいえキャンドルの灯が常に揺らいでいるように、あなたはせっかく良い才能を持っているのに、問題につまずいたり、疲労がたまると、一気に気持ちまで途切れてしまいます。なので、熱意の炎をどれだけ長く保てるかがカギ。人間関係の気苦労は大きなストレスに。就業時間が終わったら自分の時間を楽しんで、心のバランスを整えて。恋愛では、気になる人にはストレートにアプローチをして、脈がなければすぐに切り替えるくらいの潔さを。長期の片思いより、短期勝負でアタックしたほうが精神的にもいいです。やや嫉妬深いあなたは、恋に振り回されてしまうとイライラしてしまうので要注意。

最強のフォーチュンアイテム
- 希望
- 好きな曲
- 照明

キャンドル星人 ×3 好きなこと、気になることをめいっぱい追求しちゃいましょう!

好きなことはトコトン、の熱いパッションを持ち、自分のやりたいことにはすさまじい集中力を発揮するのですが、そうでないことはからっきしダメ。苦手なことは一切興味なし! という潔さ。しかし、そのくらいの極端さがあなたの専門知識を磨く秘訣。趣味が高じて、講師になったり、ブログやSNSを通じてブームの火付け役、トレンドセッターになれる人なので、いい意味でいくつになってもミーハー精神を大切に。また、キャンドルにはライトには出せない揺らぎの癒し効果があるように、ヒーラー要素も持っています。困っている人を見るとほっておけない親分肌で、頼られるとつい頑張ってしまうので、無理は禁物です。恋愛では、マインドナンバー3のついつい相手のお世話を焼きたくなってしまう傾向が。アドバイスのつもりの発言で相手を傷つけたり、うるさいと反発されたり、母親のように何でもしてあげなくてはいけない立場にならないように、さじ加減が大切。シャイな面があるので、恋に臆病になってしまうことも。殻を破るのを恐れないで。

最強のフォーチュンアイテム
- 特別
- 記念品
- 通帳

キャンドル星人×マインドナンバー

キャンドル星人 ×4 強く頼もしい存在ゆえに反乱分子の反逆には注意して

キャンドル星人は仁義に厚く、弱い人にとって優しい頼れる存在。さらにあなたはクイーン！ 小さい頃からリーダーを任されたり、大人になると起業したり、トップに立つことも珍しくありません。しかし、あなたはマフィア気質でもあり、裏切り者や歯向かう者には容赦なし！ 気に入らない人間には、冷酷な対応をします。味方にすると心強く、敵にはしたくないのがあなた。仕事で成功するにつれ、子分は増えるかもしれませんが、服従しているように見せかけて、反乱の機をみている分子がいるかもしれないので用心を。恋愛は、障害が高いほど燃えるので、不倫や浮気などの泥沼にハマらないように気をつけましょう。あなたはどんなに遊んでも、性根がピュア。信頼できない相手との恋愛や恋の駆け引きでは心がボロボロに。体だけの関係もOKなくらい情熱的な一面もあるので、体の相性も重要。恥ずかしがらずに、大胆になりましょう。シングルの場合は、気の合う仲間から恋人になると自然に付き合えるので、周囲に目を向けてみて。

最強のフォーチュンアイテム
- サプライズ
- シャンパングラス
- ステータス

キャンドル星人 ×5 悩みや仕事もセンスを活かせば解決したり、成功したりするはずです！

マインドナンバー5は、キング！ 勇ましく、強く、みなを束ねる威厳とパワーをもっています。さらにキャンドル星人は、生粋のリーダー気質。キャンドルが一瞬で燃え上がるように、あなたの人生は、情熱を捧げることができるなにかを見つけられるかどうかで、大きく変わってきます。キャンドル星人は芸術的センスも高く、アーティスト肌。うまく口に出せない悩みや感情は、絵や歌、音楽にのせてみることで、スッキリできたりするので、仕事にもそのセンスが自ずと活かされるでしょう。やや飽きっぽいところがあるので、モノにする前に辞めないように。こらえ性も重要です。恋愛も、些細なことで大ゲンカになって、衝動的に別れて後悔しないように、要所要所でクールダウンを心がけて。実は寂しがり屋だったり、など、意外なギャップがあなたの魅力でも。素直にそんなところを相手に見せることも大事です。本当は不安なのに、強がった言動に出てしまわないように！ 信頼できる同性の友達からの紹介で、恋の成就率がアップします。

最強のフォーチュンアイテム
- オーダー
- パーティー
- サクセスストーリー

キャンドル星人 ×6　話し上手で文才もあるあなたは生涯、発信することを忘れないで

マインドナンバー6はメッセンジャー。さらにキャンドル星人のあなたは、おしゃべり上手でみんなの会話の中心にいる人。ただし、ややシャイな部分があるので、親しい人の前でしかその話術は発揮できてないかもしれませんが。文才もあるので、ブログやSNSで感じたことを発信するうちに、あなたの文章を楽しみにしてくれる人も現れるでしょう。なにかを伝えることがあなたの天性なので、常に発信することは忘れないで。仕事は段取りが悪い人をほっておけず、ついついフォローする羽目にならないように注意を。キャンドルが身を削って周囲を照らすように、あなたは人になにかしてあげることでエネルギーを使っているので、ほどほどに。恋愛でも、相手のためを思っての言動が行き過ぎないようにブレーキを。なにかをする前には、それが相手がしてもらいたいことなのか、余計な親切になっていないか冷静にジャッジして。また、不満をため込みすぎてしまうと、突然我慢の限界がくるので、日頃から小出しに伝える努力をしましょう。

最強のフォーチュンアイテム
- 達成感
- トランク
- ボーナス

キャンドル星人 ×7　人生のテーマは「愛」。すべての人とものと自分を愛して

キャンドル星人は、アーティストのように繊細な面をもち、さらにマインドナンバー7・ラバーはもっとも愛によって人生が変わる人。そのため、あなたの人生のテーマはズバリ「愛」。単純に恋愛だけではなく、友情や家族愛などすべての愛を含みます。もちろん、あなたも自身も、自分を愛し、好きなもの、好きなことに囲まれることで、テンションがアップ。好きなことをしているときとそうでないときの自分の情熱がぜんぜん違うのを自覚しているでしょう？　そのため、理想を言うなら、仕事は、好きなことを仕事に。それが難しいなら、休日に好きなことや副業的なことをして、精力的に活動して。恋愛は、好きな人にはとことん尽くすタイプなので、善意を利用する輩に引っかからないようご用心。感情表現が豊かなところがあなたの魅力なので、かわいいワガママや甘え上手になると最強。一緒にいて、テンションが下がるような相手はそのまま運気も下げます。明るく見えて、ネガティブ思考もあるあなたですから、そんな相手は避けましょう。

最強のフォーチュンアイテム
- DVD
- 近所
- 余裕

キャンドル星人 × マインドナンバー

キャンドル星人 × 8
無理してでもやりぬく向上心は宝。でもときにはまわりに優しい言葉を

あなたはとても頑張り屋さん。無理をしても、目標達成のために奮闘するファイターです。仕事でヘトヘトになって帰ってきたのになぜか満足感があったり、ランニングなどやや自分を追い込むことに燃えます。あなたが許せないのは向上心や覇気のない人。ヤル気を感じない後輩や店員をみると無性に腹が立つでしょう。困難も自ら打ち破り、記録を更新していくように、自身は非常に強い向上心の持ち主。遊びのなかにも学びを求めるため、役に立つような趣味教室に通うとメキメキ上達します。仕事ではプロに徹し、言いにくいことでも仕事のことであればズバズバ言うため、きつい人だと思われがちですが、あなたは頑張っている人はきちんと評価する公平な人です。恋愛は、ふたりでステップアップしていくことが重要。あなたは結果を求めるので、ただ一緒にいるだけでは、関係性に悩んでしまうでしょう。結婚や子供、家をもつなど、同じ将来を思い描けるかどうかが決め手。キャンドル星人には晩婚が多いので、パートナー選びも慎重になりそう。

最強のフォーチュンアイテム
- パスポート
- お菓子
- 移動中

キャンドル星人 × 9
心労をためることなく話を聞いてくれる理解者を見つけて

キャンドル星人の、思いついたら居ても立っても居られない行動力と、マインドナンバー9の、頭で納得しないと動けない部分を併せ持つあなた。そんな二面性に、自分でも戸惑うことがあるでしょう。新しい目標を立てても、いつのまにか興味が薄れて、尻つぼみになってしまったり、これはいけないとわかっている言葉を怒りに任せて口にしてしまうなど。本当のあなたは、心が強そうに見えても、デリケートで傷つきやすい繊細な人。周囲のことを気にしていないようで、とても気遣い、我が道をいくタイプに見えて、実はちゃんと空気を読んでいます。当然心労も多く、心を開ける人の存在が不可欠。旧友や恋人、家族などに本音で語る時間が癒しになります。話すことで気が楽になるのです。あなたのガッツとチャレンジ精神さえあれば、仕事は順風満帆。ただし、無理がたたると一気に嫌気がさすので抱え込むのはNG。恋愛は話があう人を選んで。見た目が好みではなくても、会話が続く相手とであれば、愛情も深まり、あなたのよき理解者に。

最強のフォーチュンアイテム
- 日の出
- ジャズ
- 模様替え

山星人 × マインドナンバー

動かざるごと山の如し、泰然として
豊かな包容力を持つ山星人。
そこにいるだけで安心できて頼もしい存在は
マインドナンバーの本質によって
ちょっぴり個性が変わってくるようです。

山星人 × 1　ひとつのところで長く やり遂げるほうが成功をつかめます

山星人は、年齢を重ねるほど、その道を究める達人が多く、さらにあなたはマインドナンバー1・チャレンジャー！ アイディアと才能を武器に、道なき道を作ることができるパイオニアなのです。職場では、人よりもたくさんの仕事をこなしたり、女性でありながら男性顔負けの手腕をふるったり、組織でもメキメキ頭角を現すことができます。アイディアをもとに起業し、社長として慌ただしい毎日を過ごしているかもしれません。ただ、あなたは人の機微に敏感なので、職場での人間関係などが煩わしくなり、ストレスから仕事を辞めてしまう可能性も。でも、あなたは長く続けることで、そのジャンルで大成する確率がとても高いので、転職や短期雇用を続けるよりも、ひとつの職場に長くいるほうがベター。あなたの才能を発揮できる職場に出会うことが大事です。純粋な人なので、付き合ったら長くなるタイプですが、恋に発展するまでがやや奥手。あなたからアプローチすると実る恋もあるのに見逃しているかも？　恋にも積極的にいきましょう！

最強のフォーチュンアイテム

- スーパーフード
- 扇子
- キッチン

山星人 × マインドナンバー

山星人 × 2　引き寄せ力の強さを持ち前の慎重さで消してしまわないように！

山星人は、キャリアが長くなればなるほど、職場で重宝されます。大器晩成型が多く、経験を積んでいくことで二度と同じミスをしなくなる学習能力の高さがずば抜けているのです。さらにナンバー2・マジシャンのあなたであれば、日常のなかから大きなビジネスチャンスを見出し、才能が開花する可能性も。だから、いろいろな経験をすることを怠らないようにしてください。ややフットワークが重い慎重派の山星人の一面が、引き寄せ力が強いナンバー2の良い点を消してしまわないように、気になったことは天からのメッセージだと思って、ちゃんと行動に移しましょう。恋愛は、いざ交際に発展するといい恋愛になることが多いはず。恋愛経験が少ないまま、結婚をするということも珍しくありません。交際人数が増えるほど、経験値が勝り、ひとりが楽、という境地に達する可能性も。面倒見がよく、彼のためにいろいろとしてあげているうちに、彼もしてもらって当たり前となり、あなたが不満にならないように、ほどほどを心がけましょう。

最強のフォーチュンアイテム
- 乾物
- 玄関マット
- さりげなく

山星人 × 3　人にものを教える知性派として活動すれば、尊敬の対象に

あなたは、幼い頃から大人びた、精神年齢の高い子だったのではないでしょうか。忍耐強さが特徴で、仕事で成功することも少なくありません。ただし、その我慢強さが爆発すれば、まさに地殻変動を起こすくらいの激変っぷりを見せます。突然不良に走ったり、性に奔放になったり、なんでもござれの自由人に。また、見た目と裏腹に毒舌で、なかなか仕事を覚えない人に容赦なくズバズバと指摘してしまうことも。なんでもこなせる山星人であり、さらにナンバー3はティーチャーという、人にものを教える立場になりやすい知性派。あなたには簡単なことでも、皆が同じレベルではないと思えば、苛立ちも抑えられるはずですよ。本来のティーチャーという素質を大事にすれば、あなたは人から尊敬され、重用されるでしょう。恋愛は、恋人がいない期間が長くなるほど、恋に臆病になる傾向が。山星人は、愛情深いので、家庭をもつと精神のよりどころになることが多いうえに、家庭的でいい妻、母になる可能性が高いのも特徴です。

最強のフォーチュンアイテム
- 着物
- お弁当
- 起承転結

山星人 ×4 山の頂上を目指してひたすら登り続けてください！

山星人は、しっかり者でなんでもこなせるオールラウンダー。職場や友人に、山星人がいれば大船に乗ったつもりになれるくらい、責任感が強く、頼もしい存在です。頼まれた仕事はキッチリ仕上げるため、キャリアを積むほど任される仕事量も増えていくでしょう。その人生はまさに山登りのように、山頂を目指して登り続けることでトップに辿り着けます。ただし、あなたがあまりにもできてしまうため、皆が頼り切りになってしまい、我慢の限界がきたら大噴火……そうならないためにも、できること、できないことの線引きをして、断る判断も必要。とはいえ、あなたは周囲に慕われることで、後押しされ、地位がもたらされます。頼られたときは、基本快く手を貸して。恋愛は、付き合えば安定したいい関係を築けるのですが、自分から動くことがやや苦手。よっぽどの自信がなければ、自分から積極的にアタックできないかも。マインドナンバー4は、頼りがいのある女王タイプなので、あなたを慕う、母性本能がくすぐられる相手がねらい目です。

最強のフォーチュンアイテム
- 透明感
- 豆皿
- 優雅

山星人 ×5 センスも実力も十分！あとは自己アピールをもうひとふんばり

山星人のキーワードはエレガント。上品さを感じさせるノーブルなスタイルが、あなたをより引き立てます。そして、ナンバー5はキング！ 男性顔負けのビジネスセンスや決断力をもち、起業したり、リーダーとなり、みんなを引っ張るパワーも持っているわけです。ただし、山星人は、控えめで、自分から売り込んだりすることを苦手とするところがあるので、せっかく才能をもっているのに、うまく発揮できていないかもしれません。もしも、やりたいことがあるのに、チャンスがないと嘆いているなら、みずから動くようにしてみてください。恋愛は、男性からリードしてほしい、今相手はいないけれど漠然と何歳には結婚したい……など、他人頼みにしてはいけません。ちゃんと自分から好みの男性を探し、アプローチしてみて。山星人は、愛情深いので恋人にするには最高のエレメンツ。ただし、奥手なので、恋愛に発展するまでがやや難関。付き合ってみると、あなたの居心地の良さは抜群だと理解してもらえるはずなので、まずは恋人探しから。

最強のフォーチュンアイテム
- 精神一到
- 名刺入れ
- おひたし

山星人 × 6　熱心に学びを積み重ねれば ひとつの道を極め、トップに立てます！

山星人のなかでも、道を極めしマスターになるのが、マインドナンバー6との組み合わせ。山星人は、地道にコツコツと年齢を重ねるほどキャリアを築いて、トップに立つ人が多いのですが、さらにナンバー6の、勉強熱心さが加わることで百人力に。まさに、好きこそものの上手なれ、を地で行くのです。あなたは、これだ！　と思うことをしっかり見定め、続けていくことが大事。職を転々としすぎるのは、リスキーです。長く勤めるほど、責任感の強いあなたは職場で頼られる存在になるはず。ただ、空気を察する能力が高いので、人間関係が面倒になることも。親切なあなたに付け込んで甘えてくる人もいるので、本当に気が合う人とだけ親交を深めましょう。恋愛経験は数多くなくても、穏やかな恋ができるはず。もっとロマンティックな恋がしたい、と思うときはあなたから行動を。普段はしっかりキャラなのに、ふたりきりでは甘えん坊など、ギャップはどんどん出していって。山星人は、女性らしさあふれる、恋人やお嫁さんにしたいキャラですから！

最強のフォーチュンアイテム
- 着回しテク
- 世界遺産
- 曲げわっぱ

山星人 × 7　パートナーとの出会いが 人生もキャリアも左右するので慎重に

全マインドナンバーのなかでもっとも、愛で人生が激変するのがあなた、7のラバーです。ですが山星人は、洞察力に優れているので、恋人や結婚相手を選ぶときは慎重派。でも、誠実なあなたを、パートナーにしたい、と思う男性は少なくないはずです。付き合うほど、結婚するならこの人しかいないと決意させるのが山星人マジック。何も言わずとも、相手の心を読んでサポートする、内助の功能力が高いあなたと付き合えた男性は幸せでしょう。恋愛に縁がない場合は、もっと恋に積極的に！　落ち着いた雰囲気なので、すでに恋人がいると思われてしまっているかも。彼の仕事を手伝ったり、海外に出るなど、パートナーとの出会いはあなたの人生を変える大きな可能性を秘めているので、ぜひ恋を楽しんでください。とはいえ、恋愛にだけうつつを抜かさずに、仕事でもキャリアをしっかり築きましょう。山星人は資格や実績から、いくつになっても、周囲から求められる人材です。恋を失ったら、抜け殻、とならぬように！

最強のフォーチュンアイテム
- 浴衣
- コールドプレスジュース
- 真心

山星人 ×8　常になりたい自分を理想に掲げ実現する努力を

ナンバー8・ファイターは、向上心が強く、自分に厳しく、常にベストを目指しています。とても生真面目なので、あなたに仕事を任せたら、間違いナシと言っても過言ではありません。物事を感覚よりも、理屈で考えるので、納得できなければ延々と考え込んでしまう面も。適当な言葉遣いや態度が許せないあなたを、怒らせたら大変。反論もできないほど、正論で追いつめてしまうでしょう。とはいえ、基本的には常識人で礼儀正しいあなたは、仕事では頼りになる存在。明確な目標やビジョンがあるほど、それを実現させる力をもっているので、常になりたい自分像を掲げましょう。完璧主義なあなたは、恋愛でそれをパートナーに求めないように。あなたほどのレベルについていくのは困難です。でも山星人自体は、懐が広く、相手を受け入れる心の広さをもっています。それが安心感につながり、居心地の良さに。人を育てる能力も高く、エレメンツのなかでもあげまん体質なので、パートナーをうまく育てることで彼はあなたから離れられなくなるでしょう。

最強のフォーチュンアイテム
- 専門書
- 靴磨き
- 革命

山星人 ×9　生きがいを感じるオンとストレス発散できるオフをバランスよく

ナンバー9・バランサーは、意外性の持ち主。ふたつの面を持つので、一筋縄ではいかない不思議な人です。さらにスピリチュアルな精神をもっているので、勘が鋭く、なんでも自分流にアレンジしてしまう柔軟性を持ち合わせています。仕事も重要ですが、生きがいも必要。そのバランスが重要！　生きがいを重視しすぎると、仕事は楽しいけれど、収入が伴わないという状況になりやすいので、割り切ることも必要です。その分、休日は、自分のやりたいことにあてて、心のバランスをとって。旅行や移動もキーワードなので、忙しい毎日を送っている人ほど、休日は日常の喧噪から離れ、旅行やイベントを楽しんで。恋愛は、あなたにはない世界を持っている人が理想です。彼のおかげで、違う考え方ができたり、面白い発想が生み出されるような関係が、あなたの可能性を広げてくれます。あなたは、相手に束縛されたり、考えを押し付けられるのが苦手。常に一緒に過ごすより、彼のいない時間も楽しむくらいの距離感がベターでしょう。

最強のフォーチュンアイテム
- ロープウェイ
- 家族
- 凛とした

大地星人 × マインドナンバー

愛情深く家庭的で、みんなの母親的存在の大地星人。
さまざまなエレメンツを受け止める存在だからこそ
付き合うエレメンツによって運命が、
マインドナンバーで加わる個性によって運勢が、
それぞれ少しずつ変わってくるのです。

大地星人 ×1 安定志向とチャレンジのどちらをとるかよく考えましょう！

大地星人は滅多なことで変動しない大地のごとく、どっしり構えた安定志向の人が多いもの。ですが、あなたはマインドナンバー1・チャレンジャーなので、時には周囲をギョッとさせるような言動にでることもあるでしょう。人生のここぞというときに勝負にでる大胆な一面を秘めているのです。たとえば、長年勤めた会社を突然退職し、海外留学や起業したりすることも考えられます。ただし、あなたは、貯金額が減っていくほど、不安になるタイプ。思い切った決断をしたものの、先の見えない将来に強い不安を感じやすいので、早まらないように。日ごろから会社や現状に対する不満があるときは、爆発してしまう前に、ガス抜きをしましょう。恋愛でも、彼のために、と世話を焼いているうちに、やがて何もしなくなった彼に対して、突然堪忍袋の緒が切れるようなことにならないように。あなたは人よりも気が利いてしまう分、人のために動きすぎるところがあるので、たとえ気づいても、あえて気づかないフリをすることも必要ですよ。

最強のフォーチュンアイテム

- キッチン用品
- 納豆
- 遠出

大地星人 ×2 チャンス到来！と思ったら尻込みせずに飛び込んで行って！

堅実な大地星人であり、奇跡を起こすマジシャンタイプのあなたは、石橋を叩いて無事、橋を渡り切る勝者！ 初めから完璧を目指しすぎるあまり、チャンスが巡ってきても準備が足りないと尻込みしてしまうかもしれません。だけど、実際はあなたの実力さえあれば、やっていくうちにしっかりマスターできるから大丈夫！ 大地が時間をかけて雨水を吸収していくように、あなたは経験することで、自分の知識とすることができるのです。だから、しっかり責任ある立場になったほうが、とってもやりがいがあるはず。ギャンブルや不安定な職や生活は精神のバランスを崩壊させる原因に。恋愛は、慎重に考えすぎるとチャンスを逃してしまうので、フットワークの軽さが重要。付き合う前から、恋人としてアリかナシかを考えすぎると、自分で可能性を狭めてしまう原因に。あなたは相手からの影響を受けやすい大地星人なので、交際相手によって大きく人生が左右されます。なので、あなたが言いなりになってしまう関係はNG。尊敬できる相手が条件です。

最強のフォーチュンアイテム
- ローフード
- タオル
- 表情筋

大地星人 ×3 ひとつの道をやりとげればその道のマスターになれる器！

すべてを受け止め、育ててくれる大地そのまま、大地星人は人を育て、仕事では段取り上手となる頼れる存在！ 要領がいいので、仕事ではキャリアを積むほど、職場で重用されます。あなたは地盤がなければ、精神的にグラついてしまうので、仕事はできるだけ続けたほうがよいでしょう。正社員や長く続けた仕事に嫌気がさしたからといって、辞めてフリーになっても、だんだんと金銭的に将来に不安を感じやすいのです。でも、持ち前の吸収力でその道のプロフェッショナルになる人が多いので、思い切って誰かのアシスタントになったり、修業を積むことで、ゆくゆくはそれらを伝える立場になることは十分可能です。恋愛では、人前では慎重にバリアをはっている部分があるので、初対面の人と本当に打ち解けるまで時間がかかるかも。でもお酒や雰囲気に頼りすぎるのは逆効果。相手に丁寧であろうと心がけるあまり、ガードが固くなりすぎないように！ 親しい人といるときのような、リラックスしたあなたを見せられたら最高です。

最強のフォーチュンアイテム
- スタンダード
- お漬物
- 畳

大地星人×マインドナンバー

大地星人×4 大地の控えめさは後ろに回して前へ前へと出て行くのが吉！

マインドナンバー4・クイーンは、どこにいっても成功するような、かなりの強運の持ち主。気づいたら周囲から姉御と慕われる存在のあなたに、控えめなんて似合いません！　自分の「好き」を追求することで、きっと頭角を現すはずです。生意気、というのはあなたにとってはほめ言葉。度胸のあるあなたは、年上の人から可愛がられるでしょう。ただし、キャリアを積むうちにクイーンの自覚をもち、ついてきてくれる人間を育てなくてはいけません。さもないと、ここぞというときにあなたひとりで窮地に陥ってしまいます。クイーンにはサポーターが必要なのです。そして、大地の中には、たくさんの歴史が詰まっているように、あなたにも経験が大事。いろいろな経験をすることで、どんな状況にも対処できるようになるでしょう。恋愛では、頼もしいあなたにかなう男性はそうそういないかも。あなたを慕う相手や、少々頼りないくらいの相手のほうが、忙しく、意志も強いあなたの思いを汲んでくれて付き合いやすいかもしれません。

最強のフォーチュンアイテム
- お揃い
- 言葉遣い
- 寝具

大地星人×5 人の上に立つ器であることを忘れずに、常に自分をブラッシュアップ

マインドナンバー5・キングは幼い頃から、周囲を俯瞰でみるような冷静さと、一匹狼主義的なところがあり、なれ合いは好みません。さらに大地星人は、経験を重ねるほど、学習し、仕事で成功を収める人が多いため、あなたの人生にとって仕事はかなり重要なものに。経営者や社長など重要なポストにつく人も少なくありません。あなたは人の下につくのではなく、人の上にたつキングであることを忘れずに、常にキャリアのブラッシュアップを怠らないようにしましょう。望めば、かなえられる実力をあなたは持っているのです。恋愛においても、目立つあなたは注目の的。男性よりも男前なあなたにひるむ男性もいるかもしれません。そして、たとえ相手からアプローチがあっても、恋がどうなるかはあなた次第。自分の気持ちにウソをつけないので、気乗りしなければもちろんスルー。また仕事に打ち込むあまり、恋愛スイッチをオフにしがちですが、ぜひ、出会いの場に出かけてください。フィーリングさえ合えば恋の進展はスムーズなはず。

最強のフォーチュンアイテム
- 品格
- ニュース
- 印鑑

大地星人×6 　年を重ねてから多くを伝えられるよう、若い頃から経験を積んで

ナンバー6は、メッセンジャー。持っている知識を人に伝えることが使命です。そして、大地星人は、経験値があがる30代からが勝負！ 10代からはとにかくいろいろな経験を積んでおきましょう。人に語れるほどの経験や、内容が伴っていなければ、年を重ねてからの活躍や挽回が難しくなります。大地星人は人に慕われるほど、人生が豊かになるので、マナーやエチケットをしっかり学び、常識のある行動を心がけましょう。良識を疑われるような言動は、あなたの首を絞めることになるので、タブーです。恋愛は、ちゃんと相手に好意を伝えることを心がけて。体を気遣い、厚着や露出を控えた格好ばかりになってしまうと、ややセックスアピールに欠けてしまいます。首、手首、足首など、どこかひとつは見せる抜け感と、男性目線を忘れないでください。早口や小さい声も恋愛を遠ざけます。落ち着いたトーンでゆったり話すことを心がけてください。結婚や子育ては、あなたにとって成長するチャンス。あなたなら穏やかなよい家庭を築けるはずです。

最強のフォーチュンアイテム
- 実用性
- 味噌
- アンティークのインテリア

大地星人×7 　先の見えない恋愛やだめんずとはさっさと手を切る決断を！

ナンバー7・ラバーはもっとも愛に生きる人ゆえ、喜びも悲しみも愛によって学ぶドラマティックタイプ。早熟でおませさんが多く、学生時代から先輩や先生に憧れたり、アイドルに夢中になったり。恋愛がうまくいっていると、一日中テンション高く、人生がバラ色になる反面、そうでない恋愛に溺れてしまうと、運勢までトーンダウン気味。ところが大地星人は母性本能が高く、困っている人や弱い人にはついつい親切にしてしまうため、既婚者の彼の離婚を長年待ったり、彼と同棲して自分が大黒柱になってしまったり。それでも、あなたが人生の幸せを感じられるのであればオッケーですが、相手に頼りたいという気持ちがあるなら、先の見えない恋とはオサラバすること！　もっとワガママになりましょう！　仕事によって得られる収入は、あなたに安定と安心を与えてくれます。多少不満があっても、なるべく正社員や長期の仕事に就いたほうがベター。あなたは長期の仕事のほうが結果を出せる可能性が高いので、石の上にも三年をモットーに、踏ん張って。

最強のフォーチュンアイテム
- コンサバ
- 蒸し野菜
- 愛嬌

大地星人 × マインドナンバー

大地星人 ×8　軽いフットワークを心がけ、人で賑わう場所で出会いをつかみましょう

意志が強く、自分がこうだ！　と思ったら、どんなことにも負けずに突き進むマインドナンバー8・ファイターの本質に、大地星人の保守的なマインド、自分の意見を曲げない信念が加わるとかなりの頑固者に。普段は人の意見を受け入れる余裕もあるのですが、イライラしたときや納得いかない場合は、相手がぐうの音も出ないほど正論で言い負かしたり、意見を譲らない一面をもっています。また、大地星人はフットワークがやや重たくなりがち。だけど、大地には雨が降り注ぎ、植物が咲き乱れることで美しい景色となるように、あなたに活力を与えてくれる雨のような心の刺激、植物のようににぎわう仲間の存在が不可欠です。気乗りしなくてもあえて、旅行に行ったり友人と集まったりして、日常に変化を取り入れてください。恋愛では恋人関係に発展するまでが奥手であっても、付き合ってみると良好な関係を築けるでしょう。両思いでも殻を破れずに、片想いで終わることもあり得ます。時にはあなたからもアプローチをする努力が必要です。

最強のフォーチュンアイテム

- 清楚
- 手帳
- 漢方

大地星人 ×9　時には我慢ばかりせず自分の言いたいことを小出しにしてみて

大地星人は、よく周囲を観察しています。自分のやりたいことを押し通さず、周囲とのバランスを考えて発言し行動する、人間的にできたタイプが多いのです。さらにマインドナンバー9・バランサーは、もっともスピリチュアルな精神をもって生まれています。よって、勘が鋭く、人付き合いで心労に悩まされてしまうかもしれません。職場では仕事より、人間関係で嫌気がさすこともあるでしょう。自分ばかり我慢したり、言いたいこともこらえているのに、という気持ちが沸き上がってきたら要注意。爆発する前に、言いたいことは小出しにするなど、どうしたらうまく相手に伝わるか考えてみて。あなたの答えは心のなかにあります。時折、自分の心と向き合い、マインドを整理する習慣を。恋愛は、性欲が薄れてしまうと、一気にご無沙汰になりがち。異性というより人間として好き、という考えが強いので、友人どまりで終わる可能性も。あなたは"ふたつ"がキーワード。寄り添ってくれるパートナーの存在は心強いものなので、ぜひ恋愛にも力を注いで。

最強のフォーチュンアイテム

- 伝統
- 麹
- マグカップ

鉄星人 × マインドナンバー

屈強な精神と抜群の頭の回転の速さを持つ鉄星人。
交渉上手で洞察力にも長けているため
他人に厳しく、きつい物言いをしてしまうことが。
でも、マインドナンバーの本質がそれを中和したり
いい方向にシフトすることも多いのです！

鉄星人 × 1

鉄壁の精神を維持するためにも 息抜きの場を大事にしましょう！

鉄星人の屈強な精神に、マインドナンバー1の熱いチャレンジ精神が加わったあなたは、頭の回転が抜群の頼れる存在。曲がったことが大嫌いで正義感も強く、職場でも鉄壁の心を持ったしっかり者キャラで通っているのでは？　でも、親しい人ほど、あなたが実はやや天然なところがあって、涙もろいチャーミングな人だと理解してくれています。本当に信頼できる人にしか、弱音や本音を言えないので、仕事以外での旧友との集まりや、趣味の世界など、あなたが息抜きできる場所は絶対に必要！　頑張りすぎてしまう部分があるので、あなたには支えてくれるパートナーの存在が重要です。恋愛も、リードするようなキャラに見えて、相手に引っ張られたい乙女な部分あり。だから、彼がスマートじゃない場面に遭遇すると、頼りがいがない……と幻滅してしまいがち。そんな部分が気になったときはそっと用意周到なあなたがアシストを。ただし、何気ない一言が図星すぎて、相手のプライドを傷つける可能性もあるので、不用意な言葉には気をつけて。

最強の フォーチュン アイテム

- 誠実
- 馬蹄モチーフ
- 安らぎ

鉄星人×マインドナンバー

鉄星人×2 「私はできる!」を呪文に
強く信じて目標に向かえば大丈夫!

あなたは、とても合理的な思考の持ち主で、どんな時も冷静に対処することができる切れ者。鉄星人ならではのこだわりが強い職人気質な人が多く、頼まれた仕事はキッチリこなしてくれる頼れる存在です。時には、頭の回転が速すぎて、意見を理解してもらえなかったり、せっかくのアイディアがうまく相手に伝わらないことも。そんなときはマインドナンバー2・マジシャンらしさで伝える工夫を怠らないで! あなたの魔法の言葉は、「私はできる!」。そう強く信じ、目標に向かっていけば、きっと実現できます。恋愛は、仕事中は、臨戦態勢で鎧をまとって、スキなしのあなたですが、鎧を脱いだあなたは、か弱い乙女。本当は守ってもらいたい姫願望の持ち主。そのギャップをうまく男性にアピールできれば、どんなメンズもイチコロでしょう。「男ってさー」と男性斬りをしたり、正論や理詰めは絶対にダメ。あなたは、ひとりで生きていけるほど能力の高い人だけど、支えてくれる恋人や、友人、家族がいると、ぐっと生きやすくなります。

最強のフォーチュンアイテム
- スポーツ観戦
- 貯金箱
- 鈍感力

鉄星人×3 湧き出るアイディアや言葉を
上手に伝える方法を学べば完璧!

鉄星人は、とても合理的な思想の持ち主です。人付き合いでも好き嫌いがハッキリしているので、苦手な相手と群れることが苦痛です。なので、会社での人間関係で悩みを抱えるかもしれません。あなたは人前では鎧を着こんでいますが、実はとても傷つきやすい人。さらに、ナンバー3・ティーチャーは、人に教える立場にあります。せっかくのアイディアと才能を、邪魔されないように、伝え方を工夫しましょう。鉄星人はクリエイティブセンスにあふれるので、手先を動かす趣味に向いています。気づいたら趣味が高じて、講師になることも。不器用だからと決めつけずに、なにか長く続けられる趣味を探してみて。恋愛は、策に溺れる可能性大。恋の駆け引きよりも、直球勝負がおすすめ。キャリアウーマンなのに料理上手、など、意外な特技やギャップが持ち味なので、好きな人にだけそんな特別な一面を見せましょう! 責任感が強いあまり、結婚や出産に怖気づいてしまうことがありますが、人生は一度きり。飛び込んでみる勇気も必要です。

最強のフォーチュンアイテム
- ジュエリーケース
- 深呼吸
- アレンジ

鉄星人×4 これになら命捧げてもいい！ そんな仕事を見つけて突き進んで！

鉄星人は、瞬時に物事の真理を見極める、切れ者キャラ。男性顔負けでビシバシ仕事をこなしていくでしょう！ クリエイティブなので、企画を出したり、なにかを作ったりすることが適職です。そしてマインドナンバー4・クイーンは、仕事でも高い地位に上ることができる器。これはもう目先のお金にはとらわれず、どんな困難もこの仕事なら頑張れる！ と心底思える職種で踏ん張ってみるのがいちばん！ きっと輝かしいキャリアを築くことができるはずです。恋愛は、出会いがなければ理想を見直してみては？ ハードルを上げすぎていませんか？ クイーンは生まれつきの女王様。してもらって当たり前、というマインドや、男がこうあるべきという先入観は捨てましょう。こうしてほしいという願望があれば、まずはあなたから行動で示して。あなたからの積極的なアプローチを嬉しく思う男性もいるかもしれません！ 結婚後は、家事などのパワーバランスでいさかいがあるかも。互いの仕事、家事の分担などをよく話し合って。

最強のフォーチュンアイテム

- カトラリー
- ツボ押し
- 絆

鉄星人×5 あなたを慕う賛同者が 得られたならば百人力！

鉄星人でマインドナンバー5・キングのあなたは、ゼロから生み出すパワーをもっています。仕事でその才能を発揮できれば、大成功を収めることも夢ではありません。ナンバー5はそもそもお金と権力に強い縁があるのです。しかし、そのためにはあなたを慕い、賛同してくれるサポーターが必要。情け容赦なくまわりを切り捨てていると、逆恨みを買う原因に。鉄がハサミとなり、花を整えることができるように、あなたはその人にあった才能の活かし方がわかる人。あなたの的確なアドバイスで救われる人もいるでしょう。自分にできることを常に考えながら、仕事に取り組んで。恋愛では、男性に対して必要以上に構えないほうが、あなたらしい好感を作れます。合コンなどでは変に緊張して、うまく魅力が伝わらないかもしれません。職場のメンバーや、旧友など意識せずに付き合える人のほうが、あなたの良さをわかってくれるでしょう。結婚や子供は、苦労が増えるかもしれませんが、よい変化となり、新しい世界を見せてくれることでしょう。

最強のフォーチュンアイテム

- ミラー
- 集中力
- エンターテイメント

鉄星人×6 柔軟な姿勢で一本筋を通す！それがあなたの進むべき道！

作品を生み出すクリエイター魂あふれる鉄星人、そしてマインドナンバー6・メッセンジャーのあなたは、仕事ではアイディアとテクニックで勝負。手作業や手書きなど、温かみのあるひと手間で心が伝わります。鉄星人は手先が器用な人が多く、職人気質。ややこだわりが強いのですが、そのこだわりとうまく付き合うことで、仕事の成功につながります。冷めた鉄が固くなってしまうように、頑固になってしまっては損。柔軟な姿勢と、筋を通す一本気、それが鉄星人の守るべき人生のポリシーです。恋愛では、一緒に成長できる人が理想的。段取りもいいあなたですが、実は引っ張られたい願望もあるので、男らしい人がよいでしょう。ただし、言うことはいっちょ前でも行動が伴っていない男性には耐えられないので、女性をレディとして扱ってくれる紳士であるかを重要視。結婚することで、絆が深まり、精神は安定しますが、我慢をしすぎると、あなたの心はボロボロに。不満は小出しにし、ケンカのときは、いったん頭を冷やして。

最強のフォーチュンアイテム
- ラグマット
- 安心感
- お土産

鉄星人×7 パートナーの転機には思い切ってついていく決断もありかも！

パートナーの存在で人生が激変する可能性をもつマインドナンバー7・ラバーには、自営業の彼の仕事を手伝う、転勤や海外移住などにも縁があります。それは思いがけない人生の転機となるので、思い切って決断してみるのもあり。ただし、他人からの影響を受けやすいのは恋愛の相手だけではないので、人付き合いは慎重に。職場で付き合う人に気をつけないと、あなたまで同じグループに見られ、評価をされてしまいます。あなたは鉄星人。ゼロからアイディアを生み出せるクリエイターで美意識が高い職人気質でもあります。ぜひ、その才能を活かして、あなたしかできない仕事を作り上げて。刀が酷使すると刃こぼれするように、仕事で頑張って疲弊したときにはご褒美にマッサージで英気を養って。恋愛では、相手に振り回されてしまうと、心身ともにボロボロに。お互いにフォローしあえるような、友達のような関係が理想的です。案外M体質で相手に尽くすパターンも多いので、張り合ってきたり、押さえつけようとするような男性は避けて。

最強のフォーチュンアイテム
- イニシャルペンダント
- ガーデニンググッズ
- 譲り合い

鉄星人 ×8　完璧主義を他人に押し付けることなく己は高い目標を目指して

マインドナンバー8・ファイターは、意外に頭でしっかり考える頭脳派。知識欲が強く、興味のある分野はとことん追求します。あなたの辞書に「適当」の文字はなく、好奇心旺盛でストイック。そんな完璧主義の性格なので、時に生きづらさを感じることがあるかもしれません。あなたのレベルが高すぎて、ついていけない人も多いのです。職場で、なんでこんな簡単なこともできないのだろうと他人にイライラするようになったら要注意。鉄が人を守る盾にも、傷つける槍にもなるように、その影響力は強めなので、少しパワーをセーブしましょう。闘争心が高く、ライバルがいるほど燃え、歯向かう相手はコテンパンにしないと気が済まない！　ほどほどにしておかないと、敵を作りますよ。恋愛でも、白黒ハッキリつかないとモヤモヤします。好きな人と体の関係から始めてしまうと、相手は軽い気持ちでも、あなたのほうが本気になる可能性があるので、それは避けて。一度、裏切られると、信頼できなくなるので、相手は誠実な人が第一条件です。

最強のフォーチュンアイテム
- 洞窟
- 置物
- アップデート

鉄星人 ×9　オンもオフも全力で取り組むことが精神的な安定につながります

あなたは、多くのモノを手にすることができるマインドナンバー9・バランサーです。ひとつのことに絞らずに、いろいろなことにチャレンジするのが正解です。そのうえ、鉄星人は美的センスが優れ、器用な人が多いので、料理やガーデニング、陶芸など、なにかを作る趣味を持つことで、仕事以外で活躍できるきっかけになるかもしれません。ただし、仕事にだけ打ち込まずに、自分の時間を楽しむことも大切。体力的にハードでも、オンもオフも全力で取り組むことが、あなたの精神の安定につながります。仕事にばかり打ち込んで、休日は寝て過ごすような状態では、むしろ、やりがいをなくしてしまうでしょう。恋愛は、自然体でいられる相手が前提です。人前では完璧なくらい気配り上手で、なんでもさばけるあなたですが、本当はちょっと天然な部分が。そんなあなたを支えてくれる、頼りがいのある男性が理想です。年下は無理、など年齢や先入観で決めつけずに、仕事や友人の紹介などで出会った人と親睦を深めていくと、恋に発展しそう。

最強のフォーチュンアイテム
- 真実
- キーホルダー
- インプット

ダイヤモンド星人 × マインドナンバー

輝くダイヤのようにきらりと可能性を秘めた天才肌。
周囲からは理解されにくい独特の感性の持ち主ですが、
そこにマインドナンバーの個性が加味されると
才能の発展、伸ばし方に微妙な差が生まれて
実におもしろいケミストリーに。

ダイヤモンド星人 ×1 自分のセンスを武器に海外や新天地で力試しをしましょう！

エレメンツのなかでも、ピカイチのクリエイター、ダイヤモンド星人でマインドナンバー1・チャレンジャーのあなたは、かなりの才能を秘めています。写真家やスタイリスト、美容師などクリエイティブな職業につくことが多いし、もしくは、特殊な免許や資格のいるスペシャルな仕事についていることも珍しくありません。自分のセンスを武器に、フリーランスで活躍したり、会社を立ち上げている可能性も大。言語もわからないまま、海外へ武者修行に出て、気づいたら言語も技術も習得しているようなことも。人目を気にせずに、あなたらしく行動することが成功の秘訣。特に海外とは縁があるので、用事はなくとも、刺激を受けに旅行に行ってみて。恋愛では、あなたのセンスを受け止めてくれる人でないと、長続きは難しいはず。あなたはこだわりが強いので、デートでも手抜きはイヤ！ パートナーがケチやダサイと感じてしまうと、一気に減点対象に。あなたは人一倍、センスが良いので、相手に同じレベルを求めるのは酷。時にはハードルを下げてあげて。

最強のフォーチュンアイテム

- 礼儀
- ダストボックス
- チャームポイント

ダイヤモンド星人 ×2　才能とセンスをお金儲けに結びつけることも夢ではありません！

天性のアーティストであるダイヤモンド星人に、マインドナンバー2・マジシャンが加わると、その才能やセンスがお金になる可能性が高いのです。もしも、現在あなたの特技や趣味を活かせていないのであれば、副業やお小遣い稼ぎも兼ね、フリマやネットで販売することなどを視野にいれてください。ダイヤモンド星人はやや浮世離れしているので、いきなり起業やフリーランスになることはリスキー。人生の師となる頼れる先輩や、あなたの活動を応援し、サポートしてくれる人の存在が重要です。あなたの原動力は、余裕から生まれます。切り詰めた生活や、お金の苦労、人間関係のいざこざなど、ストレスは最大の試練。忙しいとき、懐が寂しいときでも、工夫をして息抜きや贅沢をし、心の栄養を取り戻しましょう。恋愛は、数より相手を重視。あなたは恋人にも大いに影響を受けるので、一緒にいて波長が合わないと感じるのであれば、関係を続ける意味はないかも。マイペースなあなたの言動にダメ出しばかりする、指図や束縛がひどい相手は論外です。

最強のフォーチュンアイテム
- アウトプット
- 自然体
- 第一印象

ダイヤモンド星人 ×3　優れた感性の天才肌と論理的思考で最強に！

ダイヤモンド星人は、理屈よりも感性で生きる天才肌。とびぬけた才能がありながら、やや社会常識にかける天然チャンなところがあるので、特に社会に出てからは、自分の常識が非常識になっていないか、マナーを学ぶ必要があります。年齢とともに、誰も注意してくれなくなるので、非常識な人のレッテルを貼られてしまわないように！　絵を描くことや、デザイン、コーディネート、ディスプレーにこだわるなど、どんな職業でもセンスを活かしましょう。起業や、フリーランスの場合は、経理や法律などに疎いところがあるので、優秀なブレーンやアシスタントが必要です。恋愛では、あなたに好意を寄せてくれる人に尽くされることで、さらに磨かれます。ダイヤモンド星人は、相手に尽くすのはあまり向いていません。ふたり揃うことで、ますます目立ったり、楽しい時間を過ごせるようなあなたと同じテンションをもった人だとぴったりですが、浪費家な面があるので、貯金や将来の計画は若いうちからしっかり立てるように。

最強のフォーチュンアイテム
- 根気
- カメラ
- 冒険アイテム

ダイヤモンド星人×マインドナンバー

ダイヤモンド星人 ×4
「個性的」はほめ言葉！自分を信じてゴーイングマイウェイ！

マインドナンバー4は生まれつきのクイーン！ さらにダイヤモンド星人のあなたは、持って生まれた才能がお金になる人。そのためには常に感性を刺激し、自分を磨かなくてはいけません。海外や美術館、オシャレなレストラン、ニューオープンの店などがラッキースポット。ダイヤの原石は磨かなくては光りませんから、くすぶっていてはいけません！ あなたにとって「個性的」はほめ言葉！ 無難に過ごしていては、あなたの魅力は半減です。恋愛では、共に高めあえるようなフィーリングの合う人もいいですが、正反対の性格だとお互いに長所を伸ばし、短所を補いあえる関係に。ただし、あなたは自分のペースで行動したい派なので、無理強いは苦手。ひとりで気ままに過ごす時間も大事なので、あえて単独で行動する時間も大切にして。また、趣味に没頭しすぎると、妄想好きなあなたはそれで満足してしまい、おひとりさま歴が長くなりそう。恋人がほしいのであれば、趣味を通じて出会いを探したり、自分から動くことも大事です。

最強のフォーチュンアイテム
- ビジューアイテム
- 抜け感
- どんでん返し

ダイヤモンド星人 ×5
行動力が人生を左右！ブラッシュアップを怠らないで

マインドナンバー5・キングのダイヤモンド星人は、才能で天下をとるような、大きな可能性をもった人。ダイヤモンドが磨くほど光り、価値があがるように、あなたも自分を常にブラッシュアップすることで、権力と地位を手に入れることができるでしょう。つまり、あなたの才能を活かせるかどうかは、あなたの行動力にかかっているのです！ せっかくいいものをもっているのに、才能にあぐらをかいてしまうと、文字通り宝の持ちぐされとなってしまいます。仕事でちゃんと結果が残せるように、努力することを怠らないでください！ 恋愛は、せっかくアプローチをうけても、仕事を理由にしたり、タイプではないからとか、完璧なタイミングで会いたいからとかで、受け流してしまうことが。とりあえず食事には行ってみる、くらいのフットワークの軽さを大切にしましょう！ また、好みが人とはやや違う個性派なので、ふつうの人では物足りないかも。だけど、付き合ってみると、意外と楽しい一面があるかもしれないので、表面的なことで判断しないでおきましょう。

最強のフォーチュンアイテム
- 意外性
- 短期集中
- 新作アイテム

ダイヤモンド星人 ×6　トレンド、流行、センス、SNSを駆使しすれば憧れの的となる存在に!

ダイヤモンド星人は、10エレメンツのなかでもクリエイティブセンスにあふれています。ラッキースポットがオシャレな場所、というくらい、トレンドやセンスは重要マター。流行に触れることで、あなたの感性が刺激されセンスアップ。人のマネや、流行遅れはあなたにとって運気を下げるNG行動！　量より質をモットーに、上質な生活を目指しましょう。そんなあなたのこだわりが、強烈な個性となり、羨望のまなざしを浴びることも珍しくありません。SNSは、あなたのセンスを発信する最高のツールなので、ぜひ使いこなして。恋愛では、マイペースなところがあるので、せっかく恋のチャンスに遭遇しても、気づいていないことがあります。相手に好意が伝わらずに、うまくいくはずの恋を逃さないように。また、片思いを長引かせてしまうと、次の恋にいけずにシングル歴が長びく原因に。カップルでも、あまりにお互いのペースを守りすぎて、離れている時間が増えてしまうと、自然消滅になりかねないので要注意。

最強のフォーチュンアイテム

- クラシカルリング
- 余韻
- 休日の朝

ダイヤモンド星人 ×7　愛ある人生を心がければ幸運はすぐ目の前に見つけられます!

マインドナンバー7・ラバーは恋愛体質なロマンティスト。「好き」が原動力なので、得意なこと、好きなことを仕事にしたら最強です。ですが、パートナーの影響で仕事が変わったり、人生が変わる可能性が高い傾向が。もしくは、サポートを受け、お店を持つこともあり得ます。ほしいものは我慢できないタイプで、ついつい散財してしまいがちなので、貯金はしっかりと。恋愛が好調だと、テンションもアップし、オシャレにも気合が入ります。しかし、ケンカやすれ違い、不満があると、頭のなかでそのことを考えてしまい、仕事中もイライラし、いてもたってもいられない状態に。あなた自身は天然キャラで小悪魔的要素を持っているので、恋人を振り回してしまわないように!　ひとりで気ままに過ごすことも好きなので、ひとりが気楽だと割り切っているかもしれませんが、ダイヤモンドにはギャラリーが必要。あなたのことを気にかけ、アドバイスをしたり、ケアしてくれる人がいれば、ますます輝けます。いくつになっても愛ある人生を目指して!

最強のフォーチュンアイテム

- 万華鏡
- 没頭
- 思わせぶり

ダイヤモンド星人 ×8
やりたいようにやることが、人生をどんどん切り拓くキーワードに！

あなたはダイヤモンド星人のなかでも、自分のこれだ！という強い意志をもち、行動力抜群。マインドナンバー8・ファイターの、時には無謀とも思える捨て身の行動と、ダイヤモンド星人ならではのアイディアと感性で、奇跡が起こる可能性もあるので、やりたいようにやることが人生を切り拓くキーワードです。ただし、ダイヤモンド星人は、センスは抜群ですが、社会常識に疎く、無意識に非常識な言動をとってしまいがちなので、普段からマナーはよく学んでおきましょう。恋愛では、好きな人ができるとわかりやすい素直なタイプ。だからこそ、その好意を悪用するような輩に引っかからないようにしっかり相手を見極めて！　自由気ままでいいかなと、体だけの関係や既婚者と付き合って、別れたあとに後悔するような恋愛はやめておきましょう。付き合ったからには、ゆくゆくは結婚や子供を持つなど、常に先のビジョンを決めてしまうところがあるので、自分だけが先走ってしまわないように、相手と歩幅を合わせていきましょう。

最強のフォーチュンアイテム
- エタニティリング
- 斬新
- 家電製品

ダイヤモンド星人 ×9
何事も中立で公平な視点でジャッジすることが幸運を招きます

あなたは感性がずば抜けたアーティスト肌のダイヤモンド星人のなかでも、スピリチュアルなセンスにもたけたマインドナンバー9・バランサーです。精神世界との結びつきが強く、仕事をバリバリこなしながらも、ひっそりと縁起を担ぐような信心深さを持ち合わせています。公平な天秤のように、常にどちらかに偏らずに、バランスをとって中立の視点で物事をジャッジすることで幸運体質を引き寄せます。あなたはきっと良い決断を下せるようになるでしょう。なので、人間関係でも仕事でも、常にフラットな目をもつことを心がけて。瞑想や引き寄せなど、マインドによる感情を整理する習慣もおすすめです。恋愛は、たくさんの経験よりも深い関係を築く恋愛ができるかどうかが重要です。あなたにとっては、体の関係よりも、考えていることを理解してもらったり、楽しい話をしてくれる人の存在が大切。ただし、バランサーであるがため、自暴自棄になると体だけの関係にのめりこむ恐れもあるので、そこはぐっと自制心を。

最強のフォーチュンアイテム
- お気に入り
- 限定品
- シースルー

海星人 × マインドナンバー

大陸と島をつなぎ、絶えず動きながら広がっている海は無限の未来の象徴。だから海星人もまた果てしない可能性を持った人。マインドナンバーの個性にも打ち勝つほどの人生の開拓者である存在。

海星人 × 1

チャレンジ精神は満タン。向かうところ敵なし、GO! GO!

マインドナンバー1のチャレンジャースピリッツに加え、すべてのエレメンツのなかでも、No.1ダイナミックでパワフルな海星人のあなたは、向かうところ敵なし！ アイディアを思いついた途端、居ても立っても居られず、両親に反対されても、若くして海外留学したり、起業することも大いに考えられます。ただし、同じ波はふたつとない、と言われるようにあなたは自分でも感情の起伏をコントロールすることが難しく、突然些細なことでさーっと引き潮のように熱が引いてしまうことも多々あるでしょう。仕事で頑張ってきたのに、思うように評価されず、一気にヤル気が失せる。恋人の浮気のような行動、ケチな部分を見てしまったときに、冷めてしまったあなたの気持ちは二度と取り戻すことはできません。思い通りにならないとき、落ちこんだとき、は、もうどうにでもなれ！ という極端な性分なので、そんなあなたを受け止め、励ましてくれる、正反対の安定型のアドバイザーが必要。耳の痛い意見を言ってくれる人こそ、大切にしましょう！

最強のフォーチュンアイテム

- リゾート
- 艶やか
- 想い出

海星人×マインドナンバー

海星人×2　奇跡を起こす力量は十分。あとは手腕と努力にかかっています！

あなたは強く願ったことが、不思議と叶ってしまう可能性を秘めるマインドナンバー2・マジシャン。ただし、手品にはタネも仕掛けもあるように、奇跡はあなたの力量と手腕にかかっています！　海星人のあなたは、人生の波も天性のセンスでキャッチできるのですが、やや気分屋で、ビッグオファーやチャンスも、気乗りしないときはきっぱり断ってしまうし、組織や契約に縛られることに抵抗してしまうロックマインドを持っています。そのことで、みすみすチャンスを逃さないように気をつけて。世間の常識に縛られない自由な精神こそが海星人の真骨頂ですが、年を重ねてからは相応の振る舞いを学び、TPOに合わせることも覚えて。自由恋愛でもオッケーな奔放な人。結婚や子育てを避けているかもしれません。または、気づいたら相手のペースを奪い、破滅させてしまうようなファムファタールかも。恋がご無沙汰であれば、あなたから気になる人にアクションを。海星人は、仕事も恋愛も海外とご縁があるので、全方位に目を向けて！

最強のフォーチュンアイテム

- サマードレス
- トリックアート
- 模様替え

海星人×3　常人には理解できないスケールを人生の大海原で思う存分発揮して

海がどこまでも続き、終わりがないように、海星人は、どこへでも順応できる逞しさとしなやかさを持ち、どんな困難もうまく乗り越えることができます。マインドナンバー3・ティーチャーの精神力と行動力もあるので、いつしか尊敬を集め、師と仰がれることになることも。幼いころから、やや破天荒なあなたにご両親は手を焼いたかもしれませんが、常人には理解できないほどのスケールを持ち、常に動いていないと窮屈に感じるあなたなのです。海外や知らぬ土地への移動、転職などはあなたにとって必要なこと。ゆくゆくは人に仰がれる立場に立つようなカリスマ性も持っています。そのためには、人に語れるほどの経験や知識を吸収すること。楽しいこと、楽なほうへ流されてしまうと、後悔する羽目に。恋愛は、あなたにとっては活力剤。軽い付き合いや、体だけの付き合いもオッケー。でもひとたび嫉妬心を抱くと、すさまじいことに！　遊びの恋はほどほどにし、しっかり相手を見極め、パートナーと誠実な関係を築くことで、安心できます。

最強のフォーチュンアイテム

- アイクリーム
- 通販
- メール

海星人×4 自信過剰なくらいの大胆さで人生の荒波を悠々と泳ぎきれる人です!

寄せては返す波のごとく、水が絶えず循環するように、海星人は、無限に近いパワーをもっています。さらにマインドナンバー4・クイーンのあなたは、さながら水の女王! 小さい頃からリーダーシップを取り、取り巻きや、あなたに思いを寄せる相手がいたことでしょう。チヤホヤされて育ったという人も少なくない、幸運の持ち主です。もしもそうでなければ、今日からわたしはクイーンなのだ! とプライドと自信をもって行動してください! やや自信過剰なくらいの大胆さが、あなたの切り札となり、カリスマ性につながります。仕事でも、トップを目指すべき器。大役やリーダーを任されたときは、面倒くさがらずに、引き受けて。年齢とともに、立場も収入も上がる可能性が高いからこそ、仕事にはちゃんと責任感をもって、向き合いましょう。恋愛は、仕事に全力を注ぎすぎると、縁遠くなる可能性が。また、あなたは人よりもパワフルですから、仕事を続けながら、家庭も子育ても、望めばきっと立派に両立できるはず!

最強のフォーチュンアイテム
- 極上
- 夜景
- ファーアイテム

海星人×5 自分の進むべき道を決めたらあとはひたすら王者への道を歩んでください!

生まれつきのキング、マインドナンバー5。そしてエレメンツのなかでもパワフルで、自分の決めた道でトップになる素質をもつ海星人。あなたは自分の進むべき道をまずは見つけることがなにより先決です。オリジナルで勝負することで、偉業を果たすことができるのがあなた。一匹狼タイプなので、仕事はフリーランスやある程度自由が利くことが理想です。単調な作業を黙々とする、窮屈な人間関係のある職場は、もっとも苦手と言えるでしょう。あなたにとって暗黙の了解や無意味な慣習などはナンセンスなこと。そういったルールに無頓着なので、時に敵を作る原因になりかねません。常識にとらわれず、行動することは悪くありませんが、最低限の常識やマナーは厳守しましょう。仕事はあなたの人生を支える大事な柱。天職を見つけられるか否かで運命が変わります。恋愛は、あなたを満足させる相手はなかなかいないかも。海外に目を向けるのもいいでしょう。いくつになっても、年齢を感じさせないエイジレスな魅力を保てる人です。

最強のフォーチュンアイテム
- メリハリ
- 地球儀
- ウォーターサーバー

海星人×マインドナンバー

海星人×6 旺盛な好奇心をめいっぱい活かしてその道のマスターを目指して!

海星人の持つあくなき探求心のおかげで、気づくとその道のマスターになる可能性を秘めています。ただし、好奇心が旺盛だからこそ、やや飽きっぽいところが。呑み込みが早い分、すぐに人並みにできてしまい、退屈になって仕事をコロコロ変えてしまうこともあるでしょう。仕事での安定は、あなたの生活の土台に。有り余るパワーがあるなら、しっかり仕事に注いでください。浪費傾向があるので、毎月わずかでも貯金を忘れずに! 水系はモテる人が多く、恋愛狩人となっても結婚願望は低いことがままあり。また、パートナーとのケンカはど派手になりがち。不倫や浮気、恋を楽しむのは良いですが、年齢とともに落ち着いた恋愛へシフトしなくては、いずれ自分にとっての大切なのとはなにかと真剣に考えてしまう状況に追い込まれることに。恋愛とのご縁が薄いならば、オシャレなあなたは理想が高くなりがちなのが原因かも。周囲にタイプがいなければ、自分から出会いの場へ出かけてください! 外国人もあなたには刺激的な相手です。

最強のフォーチュンアイテム

マッサージ

満月

自己流

海星人×7 より素敵な人たちと出会うためには自分磨きも怠りなく!

マインドナンバー7・ラバーは、生まれつきのロマンティスト。天然で愛され上手が多く、愛によって人生を学び、出会いで人生が変わります。恋人の趣味や考えに触れ、ステップアップできますが、悪く言うと、染まりやすい一面を持っているので、付き合う恋人や仲間選びは慎重に。もっと素敵な人と知り合いたいと思ったら、釣り合うように自分を磨く努力をするのも大事です。仕事は、ついつい楽しそうな華やかな職種に目を向けてしまいそうですが、面倒なことに直面するとすぐ後悔しがち。海星人の人生は、チャレンジ精神によって切り拓かれることが多いのですが、ナンバー7の性質が加わるとやや計画性に欠けることが。恋愛は、相手のペースにハマってしまうと、人生設計が崩れる恐れが。既婚との恋愛や、なかなか結婚を決めてくれない、子供がほしいのに望んでいないなど、大事なことほど、相手任せにしてはダメ。あなたは追いかける恋愛ではなく、相手から愛されたほうが断然幸せになれます。あなたを大切にしてくれる人を見つけましょう。

最強のフォーチュンアイテム

フィーリング

ハンドクリーム

星

海星人 × 8　センスと機転のよさでどんな困難も乗り越えていけるはず!

マインドナンバー8はファイター。どんな困難なことも、アイディアとマインドで切り抜ける強靭な精神をもっています。海外でもやっていけるタフな人です。さらに海星人のあなたの場合、目標が決まったあとのアプローチはすさまじいものがあるでしょう。周囲から無理だと止められたとしても、あなたのセンスと機転の速さは、不可能を可能にするパワーを持っています。だから、仕事では周囲に反対されても、自信をもって。水は生命の源であると同時に、命を脅かす脅威になるように、人間関係では自らの影響力をセーブしなくては相手が萎縮する原因に。パワーバランスを意識して。仕事はあなたの生活を整える重要な柱。働いているという責任感があなたに良い緊張感ももたらすので、なるべく長く続けましょう。恋愛は、束縛が苦手で奔放なところが男性を本気にさせます。ただし、クールなので信頼関係と尊敬できる相手との恋愛でなくては、自由な分、お互いに浮気に走ったり、自然消滅になりかねないので、ルールを決めておくのも重要。

最強のフォーチュンアイテム
- 飛行機
- 携帯
- 永遠

海星人 × 9　自分にとって居心地のいい状況を選択することが幸運を招いてくれるはずです!

マインドナンバー9・バランサーは、同時に複数のことを進行できるマルチ人間。有り余るパワーをひとつのことに集中するのはもったいないので、オンもオフも全力で取り組むことで、人生を何倍にも楽しめます。だから、仕事も重要ですが、趣味も自分の世界も大事にしましょう。精神世界との結びつきも強いので、ヒーラー的な仕事にも興味を持つ人が多いでしょう。語学を学ぶことは、あなたにとって世界が広がる切符。ぜひ興味のある国の言語や文化を学んでみて。恋愛は、自由な精神をもっているので、結婚という制度に疑問を抱いていたり、別居婚など、自分たちにとって居心地の良い関係を選びます。子供を持たない選択も珍しくありません。他人に理解されなくても自分の決断に自信を持ちましょう。ただし、考え方を思い切って変えることができる柔軟性もまたあなたの美点。結婚や子供に前向きになったときは、ぜひトライを。堅苦しい場での出会いより、自然な流れでの出会いに良縁が。知人の紹介や食事の席、旅行先などに期待。

最強のフォーチュンアイテム
- イルカ
- 虹
- シンクロ

雨星人 × マインドナンバー

一見クールだけど、内面は温かみにあふれ
ユーモアのある個性的な雨星人。
天気雨、にわか雨、台風、豪雨、霧雨……
いろんな雨があるように、その本質も実に流動的。
マインドナンバーの性質が加わるとさらに変幻自在に。

雨星人 × 1　型にはまらず、海の向こうに向けてどんどんチャレンジしてください！

小さな頃から自立精神が高く、いつも自分で方向性を定めて突進していく開拓者！　型にはまった生き方は好まず、会社に就職してもやがて独立したり、起業する人も少なくないです。また海外にも深く縁があるため、外国語を習得して、海外ビジネスに関わったり、海外で生活することも多くあります。雨星人にとって外国は運気が上がるキーワード。ドンドン出むいていきましょう！　特に今まで行ったことがないスポット、水辺のスポットがあなたの直感力をさらに高めてくれます！　恋愛ではもともとミステリアスな魅力を持ったモテる人。ノリも良く、気も利くので周囲からのお誘いや誘惑も多いでしょう。気に入った相手がいたら自分から積極的にアプローチするタイプ。独占欲も強いのでどんな手を使っても相手をおとしたいと思うはず。その代わり、脈がないと思ったらあっさり手を引く現実的な部分も持っています。ドロドロとした不倫や浮気などはもともと受け付けないタイプなので、裏表なくストレートなお付き合いができる人です。

最強のフォーチュンアイテム

- 雨上がり
- 自転車
- 海外ドラマ

雨星人×2　頭にぼんやりと浮かんだ理想の未来のイメージはうんと具体的に想像して！

あなたは、雨のようにつかみどころのないクールビューティー。さらに自分のマインドどおりの強運を引き寄せてしまうマインドナンバー2・マジシャン！　あなたの中にぼんやりと浮かんでいる、こうしたいな、というビジョンはぜひ具体的にイメージし、実現のための手段を考えてみて。本業のかたわら、趣味でやっていたことがいつの間にか本職になってしまったり、面白い縁につながることもなきにしもあらずです。水系は、インターネットと相性がいいので、SNSもいいきっかけになるかもしれません。昔の知人と再会して、縁が復活したり、恋愛に発展する可能性も。仕事は、自由な社風でなければ、居心地の悪さを感じ、嫌気がさすでしょう。派遣や短期など、毎日に変化があるほうが、あなたにとって刺激となって雇用形態としては向いているのですが、貯蓄能力に欠けるので気をつけて。恋愛では、相手から束縛されると、あなたの我慢に限界が。ただし適度な束縛がないと自然消滅の原因にも。

最強のフォーチュンアイテム
- クッション
- 船
- 海外セレブ

雨星人×3　責任あることをまかされたあなたはすばらしい能力を発揮します！

雨星人は、責任感を持ったときに、その実力を発揮します。雨が生命のライフラインであり、命を育むように、本来はお天気雨、やや気分屋なあなたが、みんなのため、会社のため、そして自分のために考え、行動するようになれば、百人力！　仕事では、抜群のセンスでプロデュース力を発揮し、後輩の育成にも貢献できます。豪雨は、すべてを洗い流し、恐ろしい災害へ発展するように、怒ったあなたはまさに脅威の存在。感情を吐き出しスッキリ、ケロリとしているあなたとは対照的に、打ちのめされた相手はその仕打ちを忘れることはないでしょう。恋愛は、突然相手への愛情が冷める傾向が。そうなったあなたは容赦なく、仮面夫婦になったり、即離婚もありえます。あなたは本来あげまん気質で、人を育てることに長けているので、あなたの言葉に耳を傾ける素直な相手がベストマッチ。また、尊敬できる相手との恋愛で、あなた自身も身も心も豊かになるでしょう。あなたのクールな面が相手の独占欲を刺激して、本気にさせてしまいます。

最強のフォーチュンアイテム
- 保湿
- 調味料
- 有言実行

雨星人×4 ピンチもチャンスに変える強運を信じて、ひたすら進んでください！

雨星人でマインドナンバー4・クイーンのあなたは、とってもパワフル。人生のピンチもなんなく乗り越えてしまう機転の良さと強運の持ち主。要領がよく、初対面から人に気に入られたり、先生のお気に入りになったり、男性からも人気、とモテ体質が多いのも特徴です。そんなあなたに嫉妬する輩もいるかも。あなたは天然で人をひきつけ、運をつかむことができるので、自慢話は控えめに。雨が降ったり止んだりするように、運気の停滞に悩むときも、きっとチャンスは巡ってきます。うまくいかないとネガティブに傾きがちなので、不運が続いたときこそ、気持ちを強くもちましょう。恋愛は、一見クールなあなたの内側に潜む情熱を知った男性はそのギャップにメロメロに。不倫や浮気も、場合によっては仕方ないという罪作りな一面が。不倫を続けながら、未婚男性と付き合うような恋愛上級者。相手が尽くしたくなる魅力を持っていますが、実は相手に尽くすことも嫌いじゃない。結婚しても子供がいても、自分の人生を楽しむことができる人です。

最強のフォーチュンアイテム
- 冷え対策
- 携帯ケース
- 水筒

雨星人×5 ビジネスの成功や権力に縁があるから生涯、仕事とは縁を切らないで

権力に縁があるマインドナンバー5・キングは、女性であっても、大金を生み出す力をもっています。だから、結婚をして専業主婦というのは宝の持ちぐされ。仕事があなたの人生を決定づけるので、その有り余る才能と手腕を発揮できる仕事を見つけるか、自ら起業しましょう。水が同じ場所にとどまると、淀み、腐ってしまうように、雨星人の人生の幸運ポイントは変化、移動です。同じ仕事であっても、常に違う切り口を取り入れ、進化を。また、煮詰まったときこそ、旅行へ。異文化やいつもと違う空間に触れることで、いい気分転換と発見につながります。恋愛は、あなたにとって人生の楽しみ。恋をすることで、水を得た魚のように、毎日がハッピーに。水系は、恋愛上手が多いので、自信をもって行動を。考えすぎると、動けなくなります。ハッキリした性格なので、海外の人、年の離れた相手との恋愛もオッケー。あなたがワイルドなので、同じように派手な人との恋愛は疲弊の原因かも。あなたを受け止めてくれる落ち着いた人が好相性。

最強のフォーチュンアイテム
- 限界
- 世界地図
- ワントーンコーデ

雨星人 × 6　ネットやSNSを駆使して、海外も見据えた発信活動をしてみて！

あなたは、ゆくゆくはマスターと呼ばれる可能性を秘めたカリスマ性のある人です。活躍は、国内外を問わず、海外で評価を受けることも少なくありません。ネットと相性がいいので、自分の活動をSNSなどで発信することで、なにかのきっかけになることも。マインドが実現しやすいので、ネガティブマインドは厳禁。自分にはできるというポジティブ思考を大切にしましょう。仕事は、いい意味で常識はずれの雨星人の発想で、周囲が驚くアイディアを打ち出せます。堅苦しい環境には息苦しさを感じるので、外資系やフレキシブルな勤務体制が理想ですが、短期労働を繰り返していると、なんでもできてしまうゆえの便利屋となってしまうので、長く続けられる職を優先して。恋愛は、結婚や子育てを人生の目標としないタイプなので、自分が後悔しない生き方を選んで。世間体を気にして、結婚や妊娠を焦らなくても大丈夫。授かり婚に事実婚、週末婚や晩婚なども選択のひとつ。相手がほしいのであれば、出会うまであちこちへ出かけましょう！

最強のフォーチュンアイテム
- ビネガー
- ターコイズアクセ
- 勝利

雨星人 × 7　早熟な愛の狩人は、人生を生かすも殺すも恋愛の相手しだい

もともと恋愛体質が多いマインドナンバー7・ラバーでもって雨星人ときたら、初恋も早い、早熟、恋愛経験も豊富、だったのでは。かなりの年の差恋愛や、不倫、二股、ワンナイトラブのようなこともオッケー、という恋愛マスターが多いのが特徴です。そして、恋人の影響で、背伸びをし、ワンランク上の経験をさせてもらったり、マイフェアレディのように洗練された女性になることも。逆に、運気を下げるような相手との恋愛は、あなたのモチベーションまで下げてしまうので、一緒にいて恥ずかしい言動をする相手は論外。水が流されやすく染まりやすいように、あなたを束縛したり、コントロールしようとする相手との恋愛も不毛です。あなたの仕事や生活リズムを優先させることが大事で、相手に振り回されてはダメ。お互いにいい影響を与え合えるような恋をしましょう。アイドルやマンガにキュンキュンすることは、生活の張り合いになりますが、あまりにハマってしまうと現実の恋愛が物足りなくなる原因に。妄想はほどほどに。

最強のフォーチュンアイテム
- ショッピング
- サプリメント
- スキューバダイビング

雨星人 × 8 目標を達成する強い意志と柔軟性をもって、運命を切り開けます！

あなたは、夢を叶える目標達成能力が高く、困難も打ち破ることができるマインドナンバー8・ファイター。さらに、水は形を変え、どんな器にもなじむように、あなたは適応力も抜群です。コミュニケーション能力も高く、初対面でも気負わない柔軟さを持っています。そうした能力のおかげで、あなたは人生をうまく乗り越えられるでしょう。ただし、雨星人にとって開運を逃す原因の多くが、頑固。水が常に流動しておかないと、腐ってしまうように、変化のない環境にとどまったり、凝り固まったマインドになってしまうと、あっという間に新鮮さを失ってしまいます。たとえ、勤続年数が長くなっても、常に新しい風を取り入れて、革新を続けましょう！　恋愛は、頭で考えてしまうと、策士、策に溺れるのパターンに。恋の駆け引きが上手だからこそ、あまり相手をもてあそんでしまうと手痛い仕返しにあいそう。ノリでセクシー写真を送るのは絶対に厳禁。水系エレメンツはデジタルトラブルを招きやすいので、リベンジなんとかには気をつけましょう。

最強のフォーチュンアイテム

- リップクリーム
- 掃除道具
- スポーツジム

雨星人 × 9 副業や息抜きとうまく付き合うことで人生がぐっと上手くいきやすく！

お天気雨というように、雨星人は、興味のあることを積極的に取り入れる柔軟さをもっていますが、やや飽きっぽいところが。しかし、マインドナンバー9・バランサーの要素が加わると、同時にふたつのことをこなすことで良い息抜きになるので大丈夫。本職以外に副業を持つことでも、あなたの世界が広がるでしょう。忙しい日々が続いたら、休日はのんびり過ごし、静と動のバランスを心がけてください。また、スピリチュアルな感覚が鋭いため、人生をより深く考える一歩となるのですが、のめりこみすぎてしまうと世捨て人のようになってしまうので要注意。また、完璧主義でストイックなタイプが多いので、マインドが極端になってしまった時は、リセットを。恋愛に対しても極端で、恋愛以外に興味がわくと恋はそっちのけに。また、恋人と四六時中いるような関係よりも、お互いの生活リズムやペースを守り、尊敬しあえる大人の関係がベスト。相手に尽くしすぎたり、振り回されてしまうと、あなたらしさまで失ってしまいます。

最強のフォーチュンアイテム

- ブランド
- 交渉術
- 島

第 5 章　やっぱりこの世には
運のいい人と悪い人がいる？

「運命のストレス」を乗り切る7つの魔法

これまでにもたくさんのかたを鑑定してきましたが、
特に最近になってよく聞く言葉があります。
「でも、結局運勢とか運命って決まってるんですよね？」
「やっぱり運のいい人っていますよね？」
「私は本当に運が悪くて、結局は運のいい人には勝てないんです」
そしてこうした言葉のあとに続くのは、
「だから、なにをするのも怖いんです」
運のいい人、悪い人、って確かにいます。
でも、ちょっと待って。
それは人生の中で運がいいときにいる人、運が悪いときにいる人
と言い換えられると私は思っています。
運勢がよくない時期に仕事を始めてもいまいちの結果だったり
よくない人と出会ってしまったり、とか
そんなに準備もしていなかったけど、運勢のいい時期だったから
仕事で認められたり、ときめくような出会いがあったり。
そんな風に運勢を利用して自分をもっと幸運体質へと変えていく
手助けになるのが占いの役目なんです。
じゃあ、運勢がイマイチな時期はただだまっておとなしくしてるだけ？
もちろんそういうわけにはいきませんよね。
そこで、ふだんからできるちょっとした幸運の魔法を7つ、ご紹介します。
一見なんでもないような心がけに見えるかもしれませんが
効果は絶大。そして、これだけは忘れないで。

確かに運命サイクルはあるもの。
でもすべてに始まりがあるように終わりは必ずやってくる。
救いの瞬間は必ずやってくるのです。

MAGIC 1

SNSアカ、メアド、ニックネームを見直して！
「プチ改名」が運命の流れを変えていく

姓名判断はれっきとした統計学で、これまでの数万に及ぶ占いの統計をもとに考えられています。今の名前の画数がよくないともう運勢は変えられないの？ 改名なんて気軽にできない！ と嘆く前に、あなたはいつも同じ呼び名で呼ばれていますか？ 苗字で呼ばれることもあれば、ニックネームのときもあるでしょう。最近ならLINEやfacebook、TwitterといったSNSで本名とは違うアカウント名にしたりしていませんか？ もしもあなたの名前が凶画数だったとしても大丈夫。よく使う場での名前やアカウント名などを「プチ改名」することで、一気に吉へと転じることができちゃいます！

―――――― フルネームの場合 ――――――

まずフルネームの画数をチェックします。フルネームでわかる運勢は、姓名すべての画数を足して出す「総格」の総合運が基本となりますが、さらに詳しい運勢を知るためには他にも4種の画数があります。画数を数えるときは戸籍名や旧字体ではなくふだん使用している表記で数えましょう。結婚して姓が変わっている人は、旧姓・新姓のうち、ふだん呼ばれることが多いほうの姓にしてください。平仮名、片仮名、アルファベットは下のオリジナル早見表を参考にしましょう。

フルネームの画数でわかる5つの運勢
「**総格**」姓名の文字をすべて足した画数→総合運・51歳以降の運気など
「**天格**」姓の文字をすべて足した画数→家系に課せられた運気など
「**人格**」姓の最後の1文字と名前の上の1文字を足した画数→仕事運・31〜50歳までの運気など
「**地格**」名前の文字をすべて足した画数→基本的な性格、0〜30歳までの運気など
「**外格**」姓の最初の1文字と名前の最後の1文字を足した画数→対人関係・家庭運など

※姓が漢字2文字、名前が漢字2文字の方は上のとおりで大丈夫ですが、姓が1文字、名前も1文字、といった方は、姓の2文字目に空き（0＝ゼロ）、名前の2文字目にも空き（0＝ゼロ）があると想定して数えます。姓が3文字以上の場合は、一番最後の1文字の画数とそれ以外の文字の画数の合計との2ブロックととらえ、名前が3文字以上の場合は一番最初の1文字の画数とそれ以外の文字の画数の合計との2ブロックととらえます。

アルファベット小文字

a	b	c	d	e	f	g	h	i	j	k
2	2	1	2	2	2	2	2	1	2	3
l	m	n	o	p	q	r	s	t	u	v
1	3	2	1	2	2	2	1	2	2	2
w	x	y	z
4	2	3	3

アルファベット大文字

A	B	C	D	E	F	G	H	I	J	K
3	3	1	2	4	3	3	3	1	2	3
L	M	N	O	P	Q	R	S	T	U	V
1	4	3	1	2	2	3	2	3	2	2
W	X	Y	Z
4	2	3	3

カタカナ

ﾞ	ワ	ラ	ヤ	マ	ハ	ナ	タ	サ	カ	ア
2	2	2	2	2	2	2	3	3	2	2
ﾟ	ヲ	リ	ユ	ミ	ヒ	ニ	チ	シ	キ	イ
1	3	2	2	3	2	2	3	3	3	2
ー	ン	ル	ヨ	ム	フ	ヌ	ツ	ス	ク	ウ
1	2	2	3	2	1	2	3	2	2	3
		レ		メ	ヘ	ネ	テ	セ	ケ	エ
		1		2	1	4	3	2	3	3
		ロ		モ	ホ	ノ	ト	ソ	コ	オ
		3		3	4	1	2	2	2	3

ひらがな

ﾞ	わ	ら	や	ま	は	な	た	さ	か	あ
2	3	3	3	4	4	5	4	3	3	3
ﾟ	を	り	ゆ	み	ひ	に	ち	し	き	い
1	4	3	3	3	3	3	3	1	3	2
ー	ん	る	よ	む	ふ	ぬ	つ	す	く	う
1	3	3	3	4	4	4	2	2	1	3
		れ		め	へ	ね	て	せ	け	え
		3		3	1	4	3	3	3	3
		ろ		も	ほ	の	と	そ	こ	お
		3		3	4	1	2	3	2	4

155

例　森　　真　理　子
　　　　　　　　11　3
　　12　0　10　　14　　　——外格：26（半吉）
　　　　　　　　　　　　＝ 総格36画　大凶　困難運
　天格：12（大凶）　人格：10（スーパーウルトラ大凶）　地格：24（スーパーウルトラ大吉）

さらに、

　　モ　リ　マ　リ　コ
　　　　　　　2　2
　　3　2　2　　4　　——外格：7（カリスマ大吉）
　　　　　　　　　　＝ 総格11画　ウルトラ大吉　天恵運
　天格：5（大吉）　人格：4（大凶）　地格：6（スーパーウルトラ大吉）

　　森　　マ　リ　子
　　　　　　2　3
　　12　0　2　　5　　——外格：17（カリスマ大吉）
　　　　　　　　　　＝ 総格19画　スーパーウルトラ大凶　障害運
　天格：12（大凶）　人格：2（大凶）　地格：7（カリスマ大吉）

　たとえば同じ姓名でもちょっと表記を変えるだけで、こんなにも名前の持つ運勢は変わってしまうのです。この方の場合漢字だと大凶の総画が、片仮名表記だとウルトラ大吉に。しかも、天格、地格、外格まで大吉以上になるので仕事のときの名前は片仮名にする、といったプチ改名もいいでしょう。特に若いうちから成功を望むなら、総格と0〜30歳までの運気となる地格の画数がいい「モリマリコ」さんで名刺を作ってみたり。名刺の表記を変えるのが難しいというひとは、それこそSNSアカウントの名前をプチ改名したり、メールの最後の署名の表記を変えるだけでもいいのですよ！　それからもともとの名前の天格の画数が悪いのはそんなにナーバスにならなくても大丈夫。天格まで気にして完璧に改名するとなるとヘンテコな漢字になってしまうことも多いので、重要なのは天格以外がいい画数になることです！

―――――― ニックネームの場合 ――――――

小さな頃からの呼び名やあだ名で呼ばれていたり、メールやSNSのアカウント名を本名とはかけ離れたものにしている人も多いでしょう。実は、そうしたニックネームの画数にもちゃーんと運勢はあるのです。たとえば、さきほどの例の森真理子さんですが、

まりちゃん　全13画　大吉　話術運　／　**真理ちゃん**　全28画　凶　不和運
真理子　全24画　スーパーウルトラ大吉　創造運　／　**マリリン**　全8画　吉　努力運

となります。ここで注目して欲しいのは「まりちゃん」と「真理ちゃん」。音は同じ呼び名ですが、平仮名か漢字かでこんなにも運勢が違ってしまうのです。この場合は、自分で何かに呼び名を書くときは平仮名にするのはもちろん、人から「まりちゃん」と呼ばれたときも、平仮名の「まりちゃん」で呼ばれている、と強く意識することが大切です！

MARIKO　全15画　スーパーウルトラ大吉　人徳運　／　**MARY**　全13画　大吉　話術運
Mariko　全14画　凶　誤解運

ローマ字表記を使う人も多いでしょう。この場合、不特定多数の目に触れるTwitterのアカウントには「Mariko」は避けたほうが無難かも？　ただし、日本では、英文字の呼び名でも音になったときは通常カタカナでイメージするので、カタカナ表記の画数も必ずチェックしてくださいね！

MAGIC 1

\一目でわかる！/
画数が教えてくれるあなたの名前の運勢

こちらがそれぞれの画数の持つ運勢の一覧です。
これを参考にあなたを幸運体質へと導くハッピーな名前を見つけて、
どんどん使いましょう！

スーパーウルトラ大吉	6（安泰運）　15（人徳運）　24（創造運）　31（成功運）　47（繁盛運） 最高にいい画数でなにもかもうまくいく強運をもたらす貴重な画数！
ウルトラ大吉	11（天恵運）　16（注目運）　23（独立運）　32（福徳運）　33（大志運） 37（発揮運）　39（活躍運）　41（名実運）　45（達成運）　48（円満運） 独立心が強く起業して成功を収める運を持つ画数。チャンスに恵まれることも！
カリスマ大吉	7（魅力運）　17（光輝運） ファッションやビューティ、メディア界で大成功する華やか運勢の画数。
大吉	3（組織運）　5（幸福運）　13（話術運）　21（責任運）　35（師匠運）　38（才能運） 不運に見舞われても最終的には切り抜けられる運の画数。周囲からのサポート運もあり。
吉	1（発展運）　8（努力運）　18（信念運）　27（威厳運）　29（欲望運） 天からラッキーが降りてくるというよりは、大器晩成努力型の運を持つ5個の画数。最終的にはゴールに。
半吉	25（自我運）　26（人情運） うまくいっているからと調子にのると、足をすくわれたり油断のできない運勢。
半凶	30（左右運）　40（裏切運）　49（虚栄運）　50（明暗運） うっかりミス、忘れ物や落し物が多いので注意。アンラッキーが突然やってきたり、油断は禁物の運勢。
凶	14（誤解運）　22（不満運）　28（不和運）　46（災難運） 自分というよりは、周囲のトラブルに巻き込まれたり、お金や家族の問題に悩まされる。
大凶	2（孤独運）　4（不遇運）　12（挫折運）　34（逆境運） 36（困難運）　42（爆発運）　43（浪費運）　44（傲慢運） タイミング悪かったり、チャンスをつかめなかったり、なんだかリズムがかみ合わない人生に。
スーパーウルトラ大凶	9（禁欲運）　10（苦労運）　19（障害運）　20（薄幸運） 最強に凶運な画数です。ストレス、病気、ありとあらゆるトラブルを招きかねません。

MAGIC 2

本当の自分と向き合うために…
「言霊・筆霊」
あなたは味方にしてますか？

日本の医療用語には、ムントテラピーなるドイツ語からの造語があります。
ムントは口、セラピーは療養であり、患者の目線に立って、病状や今後の予定を説明するということだそうです。
病院で医師からかけられる言葉に、どれだけ患者やその家族の心情が左右されるか、想像に難しくないでしょう。
「**大丈夫ですよ**」
たとえ、現状が変わらずとも、そんな前向きな言葉をかけてもらうだけで、なんだか少し心が軽くなるような気はしませんか？
大きな病気であればあるほど、本人に告知するかどうか慎重に判断されるのも、事実を知ってしまった本人の精神への影響を考慮している証でしょう。
そう、まさに言葉とは、私たちが思っている以上にパワーをもっているのです。
日本では「**言霊**（ことだま）」といい、口から発した言葉によって、**事が宿る＝実現する**と考えられ、そのため、口から発した言葉には、その人の魂が宿ると信じられてきました。しかし、現代ではおそらく古代の日本ほど慎重に言葉が扱われてはいないのではないでしょうか。
匿名性の高いインターネット上では、眉唾ものの情報や心無い言葉も行き交っています。実際あなたは自分の言葉に責任を持っていますか？
古代日本では「**言挙げ**（ことあげ）」といい、自らの願望を名乗り挙げたときに、その発言が思い上がりや慢心によるものであれば、発言者には必ず災難が襲い掛かるといわれていたそうです。
また、日本では「**忌み言葉**（いみことば）」といって、不吉なことを連想される言葉を避けてきました。
結婚式で「別れる」「割れる」「こわれる」といった言葉や、受験生に「落ちる」「すべる」と言わないようにするなど、おめでたい場や大事な場面で、不運を引き寄せないように相手の幸運を祈る心遣いなのです。

MAGIC 2

逆に、慶事での「末広がり」「寿」「喜」などは、
おめでたい言葉として好んで使われるもの。
そして声に出して発する言葉だけに魂が宿るのではないと私は思っています。
これまた日本古来の新年の伝統行事「書き初め」。
その年の抱負を筆字でのびのびと書きだす「書き初め」は、
まさに自ら己に課す、その一年のうちに叶えるべき目標でした。

書かれた文字にも魂は宿るのです。
私はそれを、**言霊に対して筆霊（ひつだま）**、と呼んでいます。

両親から前向きな言葉をかけられて育った子供と、
そうでない言葉をかけられて育った子供は、
性格も、問題が起こったときの対処の方法も変わってくるといいます。
育ってきた環境で聞いてきた言葉と
いうのはそれほど重要なのです。
たとえば今、なにげなくふだんから使っている自分の言葉が、自分の行動を制限したり、良くないイメージを発していないか、ちょっと振り返ってみるのもいいでしょう。

それから**日記**でも**メモ書き**でもいいので、自分の夢、叶えたいことなど、ポジティブなことを書き付けておくことも、いい結果につながっていくはずです。

大企業の創業者や、有名人、スポーツ選手たちは強靭なメンタルとともに、
自分を鼓舞する前向きな言葉を使っていることが多いのです。
どうしてもネガティブな考え方をしてしまうときは、
先人たちの残した名言を読んでみたり、
あえて**ポジティブな言葉**を使ってエネルギーチャージをしましょう！

MAGIC 3

カバーやケースはマスト！ 画面のひび割れ厳禁！
健全な「スマホ」に
健全な運勢は宿ります！

携帯電話やスマートフォンは、いまや家族や友達、など大切な人たちと連絡を取るだけでなく、仕事のやり取りをしたり、気になることを調べたり、SNSで簡単に海外の人ともつながることができたり、情報がめまぐるしく行き交う現代においては、欠かせないアイテム。そんな大事な携帯やスマホがボロボロなんてもってのほかです！ 携帯は、いいニュースが飛び込んできたり、仕事のオファーを受けたりする大事なツールなんです!! 仕事運、チャンス運、愛情運を大きく左右すると言っても過言ではありません。実際に、有名企業の社長、役員、経営者、お金持ちの方の携帯やスマホの画面がひび割れてビリビリ、携帯カバーをしてない裸んぼのまま、なんて見たことありません。逆に、仕事と時間に追われて心の余裕がない人、トラブルに巻き込まれやすい人の携帯やスマホにはヒビが入ったままだったり、カバーやケースもしていないことが多いんです！ 家族や職場とつながるだけでなく、未来と可能性を広げてくれる携帯だからこそ、大事にしないと、あなたの縁もつながりませんよ。

NG1!
携帯・スマホが裸のまんま

携帯がケースもカバーも無しだなんて、お財布を使わずにお金をそのままポケットやバッグに入れているようなもの。そんなことで金運が上がると思いますか??　お財布を大事にするように携帯も大事にしないと"つながる"縁が薄くなってしまいます。実際に携帯カバーをしていないとスマホは、衝撃を受けて画面が割れたり傷つきやすくなってしまいますよね。そうなるとさらなる不運を招いてしまうことになります。ひび割れ防止用に、カバーやケース、画面の保護フィルムを必ずつけましょう！

NG2!
画面のひび割れ、そのまんま

画面のひび割れは、人間関係のヒビを暗示します。大事な家族や恋人、好きな人、友達、職場仲間との縁が切れてしまいますよ。実際に、イベントの際に皆さんに携帯やスマホを出してもらうと、人間関係で悩んで

MAGIC 3

いたり、恋人とうまくいっていない人、恋人のいない人ほど、画面がバリバリ割れていたのです！ もし、ヒビが入ってしまったなら、保護テープを貼ってひどくならないようにしたり、すぐに修理に出す、もしくは買い替えの検討を！ 幸運体質を取るか修理代を取るか？ 答えはもちろん幸運体質ですよ!

NG3!
ケースと本体の汚れも、そのまんま

お財布がボロボロだったらお金が入ってこないって言われるように、携帯ケースが汚れたまま、ほつれている、手垢で汚くなっているなんて論外。画面が指紋でベタベタなんてのも絶対ダメです！ 特に、女性の使っているものが汚かったり、不衛生だったりすると、男性はどんなに美人でも幻滅してしまうらしいです。せっかく連絡交換したいって思っていた気持ちを台無しにさせないようにケースも本体も美しく。電話がいつも充電ギリギリなんていうのも、縁を拒むようなもの。毎日たっぷり充電する、すぐに充電がなくなるならば、充電器を持ち歩いて残量ゼロにならないように心がけて。大事な人からの連絡やチャンスの電話を逃さないようにしましょう!

♥ ハッピーを引き寄せる携帯・スマホはコレ ♥ !

1　文句や悪口ばかり話さない
2　嫌なメールを保存しておかない
3　ラッキーカラーの携帯ケースを選ぶこと
4　不要な人、疎遠な人の連絡先や画像を整理整頓する
5　トイレで好きな人とのメールのやり取りをしない

> 幸運体質を招く携帯&スマホの条件といえば、ズバリ、この5つ!

携帯を大事な連絡が来るツールだと思い、大切に丁寧に使うのは大前提ですが、ネガティブな言葉ばかり聞いている携帯は、いいことを引き寄せなくなります。電話での悪口やうわさはほどほどに。メールも同様。これまたネガティブな感情を保存してしまい、新しいチャンスを招くことができなくなってしまいます。ケースやカバーは、金運アップする色のお財布を使うようにラッキーカラーを選びましょう。必要以上に知らない人の連絡先を保存したままでは縁が循環していきませんよ。こまめに整理整頓を心がけて。そして、トイレは、流すところなので大事な人とのやり取りをトイレでしてしまうと流れていってしまいます！ トイレでのメールはやめましょう。

MAGIC 4

その満ち欠けには神秘のチカラがあふれてる！
「月～ムーン」のメッセージに耳をかたむけて

新月
New Moon
新しい月が誕生するときは、リセットや再スタートにふさわしい時期。チャレンジを恐れることなく、アクティブに過ごすと吉。

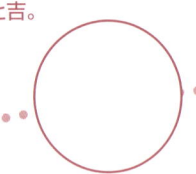

三日月
Crescent Moon
夜空に少しずつ弓形の月が現れるころ。月の成長の過程でもあるこの時期は、やる気がおきやすく好奇心も旺盛に。自己充電にはぴったり。

12星座占いのもととなるホロスコープや、色や方角で運勢を見る風水など、古来、占いの世界にはたくさんの要素があります。中でも、月はその神秘的なたたずまい、わかりやすい満ち欠けによって、運勢や運命に深く関わると言われていました。なので、昔の人たちは、その満ち欠けのタイミングに合わせて漁にでたり、種まきや穫り入れをしてきたのです。月は約29日の期間で、新月から満月までの満ち欠けを繰り

上弦の月
First Quarter Moon
まだ半分くらいの大きさの月は影響力も半分。やる気はあるけど、不安と希望が微妙に入り混じり、心が揺れやすい時。時には肩の力を抜いて。

ギバウスムーン
Gibbous Moon
満月になる手前。あと少しで物事も成就しそうな時ですから、もうひとがんばり。ゴールを前に、うっかりミスや忘れ物には注意したい時期。

MAGIC 4

バルサミックムーン
Balsamic Moon
闇に溶け込んでしまいそうな新月直前の月。スピリチュアルな影響もぐっと高まり、決戦のときに向けて、精神を集中、自分自身を高めていって!

下弦の月
Third QuarterMoon
新月に向けてちょうど半分欠けた半月。アクティブに動きたいけどまだ機は熟していないかも。あせりは禁物。来たる活動期に備えて入念な準備を。

返します。現代でも、満月の日は出産が多いとか、犯罪がおきやすいとか、いろいろなジンクスを耳にしますよね? 確かに月の満ち欠けは海の満干潮とも関わりあっているなど、私たちの運勢、体調、心模様にも少なからず影響を及ぼす存在なのです。今日はなんだかモヤモヤしてるな〜と思ったら、立ち止まって夜空の月を見上げてみて。そのときの月の形がちょっとしたアドバイスをくれるはずですよ!

ディセミネイティングムーン
Disseminating Moon
満月から新月に向けて少しずつ欠けていく満月。抱え込んでいた悩みやトラブルはいったん手放して、新しいサイクルにのれるよう、基盤を整えて。

満月
Full Moon
美しき満月の日は、どんな形にせよいったん物事が完結。ほっとする一方、ストレスや不満も満タン状態で爆発寸前になることも。気持ちをゆったりと。

MAGIC 5

古今東西から伝わるラッキーモチーフには
すべて意味があるのです！
「幸運モチーフ」の役割を知りましょう！

たとえば、四葉のクローバーとか星、ハート…
女性に人気のラッキーモチーフってたくさんありますよね。
見た目にもかわいらしいし、なんとなく身につけているだけでハッピーな気がすると、
お気に入りのモチーフがある人も多いはず。
ここでは、ちょっと珍しい幸運モチーフ10種を紹介します。
味方につけてしまえば、心強い相棒になってくれるアイテムたちですよ！
また、ある特定のモチーフが気になるときは
そのモチーフのパワーを求めているサイン！

イルカ
高い知能を持つイルカは神聖な生き物とされ、直観力や予知能力を持つと考えられていました。ギリシャ神話では、海の神ポセイドンの乗り物とされ、また愛と美の女神ヴィーナスの恋を伝える使者となったことから、恋心を伝えるシンボルとしても愛されています。

トリ
大空を自由に飛びまわる鳥は嬉しい知らせや幸福をもたらすといわれています。また、美しい鳴き声は愛をささやく恋人たちにたとえられ、深い愛を意味します。つがいの鳥ならばカップルや夫婦を意味し、永遠の愛を誓うモチーフでも。

花
見るものを和ませる癒しの力を持つ花は、つぼみから開くことから、才能や夢の開花の意味があります。また古来ヨーロッパでは夢の中で赤いバラを見れば恋が実る、といわれていました。

葉
日の光を浴びて、青々と茂っていく葉は、生命、成長のシンボルであり、たくさんの葉には「お金が葉のように繁っていく」という意味があります。

羽根
空高く軽々と羽ばたく翼。そのシンボルである羽根には、飛躍の意味があり、望みを叶えるという意味が込められています。また、翼がなければ鳥も飛べなくなるように、「あなたなしではいられない」という愛のメッセージもこめられています。

MAGIC 5

カギ
自分自身の可能性の扉を開く、秘められた才能の扉を開くという意味があります。また、錠前を開くということから、意中の相手や人の心を開くという意味も。今では、恋人同士で名前を書き込んだ錠前をどこかにつなぐことで、二人の心が永遠に離れない、という誓いの意味となることも。

ライオン
百獣の王と呼ばれるライオンは勇ましい姿と力強さから、正義と戦いの勝利の願いが込められてきました。ヴェネツィアのシンボルでもある翼の生えたライオンは、「復活」を意味しています。

十字架
中央で交差するクロスのデザインは、二つのものを安定・調和させ、自己の内面と外側のバランスを取るという意味もあります。また、クロスの上に丸い輪がついているエジプトのアンク十字架には、太陽神と神妃の結合の意味が込められ、災いをはねかえす、満ち足りた生活、旅の安全を守る護符とされています。

コウノトリ
赤ん坊を運んでくるシンボルとして有名なコウノトリは、昔々コウノトリが家の屋根に巣を作れば、その家は子宝に恵まれ、家庭が幸せになったという言い伝えからきています。

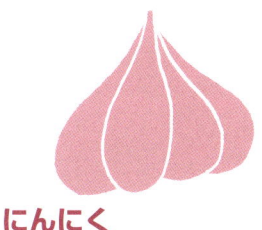

にんにく
古来、にんにくのあの強烈なニオイは、悪霊や魔をはねかえす力を持つと信じられてきました。旅の無事を祈って、旅人にお守りとしてにんにくを持たせることも。また、ギリシャでは袋に入れたにんにくを持ち込めば無事に航海できるといわれていました。

スプーン
「銀のスプーンをくわえて生まれてくる」というヨーロッパのことわざがあります。これには一生食べ物に困らず、お金に恵まれたいい人生を送る、という願いが込められています。また、幸せをすくうともいい、幸せがたくさんやってくるという意味もあります。

蛇
脱皮をくりかえすヘビは、「永遠」「生命力」のシンボルとされてきました。ギリシャ神話においてはヘビは医療神アスクレピオスの従者であり、医術のモチーフとされています。

MAGIC 6

理想はPerfume？ ミスチル？ 成功の秘密は最高の相性バランス
「グループ」にもフォーチュン運命は関わるのです

> 大ヒットを生んだグループには、キングとクイーンの両方が存在する！

メンバーの脱退がないオリジナルメンバーのままで、ミリオンヒットを飛ばし続けるグループには、**マインドナンバー 4のクイーン**と**マインドナンバー 5のキング**の両方がいることがすごく多いんです。オリジナルメンバーのまま長く活動し続けるグループがとても少ない海外でも、ロックの殿堂入りしているU2は、極めて珍しい生え抜きメンバーのままのグループ。調べてみると、ベースのアダム・クレイトンがマインドナンバー 5のキング、ボーカルのボノとドラムスのラリー・マレン・ジュニアが4のクイーン、ギターのジ・エッジが6のメッセンジャーという構成です。日本でも押しも押されぬビッグアーティスト、Mr.Children。彼らにもキングとクイーンがバッチリ入っています。ボーカルの桜井和寿さんは1のチャレンジャーですが、田原健一さんが4のクイーン、中川敬輔さん、鈴木英哉さんが5のキングなんです。不思議なことに、グループ内にキングとクイーンのどちらかが欠けていると解散劇が起きることも……。歴史上もっとも偉大なアーティストといってもいいThe Beatles。このグループは、ポール・マッカートニーが4のクイーンですが、ジョン・レノンが6のメッセンジャー、ジョージ・ハリスンが8のファイター、リンゴ・スターが1のチャレンジャー、と5のキングは不在なんです。他にも大ヒットを出したグループでありながら、キングかクイーンが揃わずに、どちらかが存在している場合は、売れた時にバランスが崩れるのか脱退、解散へと導かれています。

実は、グループの全体の運命を占うこともできるのですよ。メンバーみんなのマインドナンバーをずっと足していって、最終的に一桁になるまで計算します。そして導き出されたのが、グループのマインドナンバー。たとえば伝説のイギリス人ロックバンドのQUEEN。彼らのグループナンバーを計算してみましょう。ボーカルのフレディ・マーキュリーは、マインドナンバー 7のラバー、ギターのブライアン・メイは、2のマジシャン、そして、ドラムのロジャー・テイラーも同じく2のマジシャン、ベースのジョン・ディーコンは7のラバー。**全員のマインドナンバー**を足すと、**7+2+2+7=18、1+8=9**、ですね。なのでQUEENの**グループナンバーは、9のバランサー**となります。そうするとマインドナンバー 9のサイクル表を見れば、グループ全体の運勢や運命サイクルを知ることができます。QUEEEの場合、24年に1度しかない「運命」が結成6年目のときにやってきました。ちょうど、「伝説のチャンピオン」「ウィ・ウィル・ロック・ユー」が大ヒットしたとき。そしてその後の彼らの活動も不思議とサイクルの流れ

> グループの運勢を占うには、メンバー全員のマインドナンバーを合計！

MAGIC **6**

と重なっていきます。このように、家族や職場やサークル、チーム など、グループの運勢を見てみると意外な発見があるかもしれませんよ!

> 成功するトリオの黄金バランスは、水系、土系、火系。

世界的にも評価が高い、女子3人組のアーティストPerfume。彼女たちはとてもバランスの良い組み合わせで、ぜひともお手本にすべき! 彼女たちは、元々「ぱふゅ〜む」として、あーちゃん、かしゆかさん、そして後に脱退してしまうもうひとりの3人組で活動していました。その時の3人は、**あーちゃん太陽星人、かしゆかさんが海星人**、元メンバーの方が木星人というバランスでした。その後、あーちゃんが**山星人ののっちをスカウト**し、ユニット名もひらがなの「ぱふゅ〜む」から「Perfume」へ改名し、上京したのです。さんさんと輝く**太陽と海に山**、遊びに行きたくなるようなまるでハワイのような**楽園のバランス**になります。お笑い芸人のネプチューンもPerfume同様、元々は、原田泰造さんと堀内健さんの「フローレンス」というコンビで活動をしていたのですが、共にボケでツッコミがいなかったため、コントがグダグダになってしまうことが多かったそう。そこでコンビを解散したばかりの名倉潤さんを口説き落とし、ネプチューンを結成。原田泰造さんは、ひょうひょうとしているミステリアスな雨星人(水系)、笑いも個性的でキャラ強めの堀内健さんはキャンドル星人(火系)、そして、まとめ役のリーダー名倉潤さんが山星人(土系)。トリオはバランスが大事。なにか3人で始めるとき、チーム編成するときなどは、エレメンツのバランスをチェックしてみてください!

男性アイドルグループのプロデュースで大成功を収め、男性アイドルといえばジャニーズという方程式を作ったジャニー喜多川さんと実姉のメリー喜多川さん、娘さんの藤島ジュリー景子さんの3人組を鑑定してみました! ジャニー喜多川さんは、まるでハリウッドのようなショービジネスや直感力、抜群のセンスを持つダイヤモンド星人×奇跡を起こすマジシャン、マインドナンバー2。メリー喜多川さんは、なんとダイヤモンド星人には絶対に必要な山星人! そして、マインドナンバー1のチャレンジャー。娘さんの藤島ジュリー景子さんは、唯一、ダイヤモンド星人を磨くことができる鉱物仲間の鉄星人。そして、マインドナンバー4のクイーンでした。3人はエレメンツも最高の相性で、なんと**それぞれのマインドナンバーを足してグループナンバーを出してみると、これが7!!** これ、**ソウルメイトという最高の相性**なんです(詳しくは次頁でご説明します)!! 強い絆でつながっている最強の構成にビックリ! さまざまな著名人やセレブのマインドナンバーやグループナンバーを見れば見るほど、ピッタリ当てはまるので、ぜひ、この占いを理解し、より活用できるようになるために、あなたのまわりの人や成功者の人たちのパターンを調べてみてください! たくさん、サンプルが集まるほどにこの占いをうまく使いこなせるようになるはずです!

> 深い絆には、意味がある。成功の裏にはベストバランス。

MAGIC 7

自分のマインドナンバーと足すと「7」になる運命の人
どこかに必ずいます、あなたの「ソウルメイト」

あなたには、ソウルメイトっていますか？　ソウルメイトとは、まさに魂のつながり。
切っても切れない縁で結ばれていて、どんなにムカってきてもケンカしても
なんだか無償の愛を与えることがお互いにできる相性。
ソウルメイトの導き方法は、ある日、原稿を書いている時に、
やはり天から声が聞こえてきたのです!!
びっくりして、実際に私のまわりの人たちのマインドナンバーを計算したら、ドンピシャ！
私が信頼している人、不思議とメールをしようと思ったり、
ご飯に行きたいなーって想いがリンクする人がみんな私のソウルメイトの人だったんです!!

そのかたたちとは、お互いに激務でも不思議とピタッとスケジュールがあったり、
いつもだったら誰にも話せないような本音やわがままが言えたり。
腹を割って話せるんです。
ソウルメイトは、男女の間柄だけではなく、同性同士、兄弟、両親、恋人、友達、
職場などいろいろな人間関係の中に見つかる可能性があります。
もちろん、家族や恋人がソウルメイトじゃないからと落ち込むことはありません。
相手と自分のマインドナンバーを足してでた1桁の数字には
1～9まですべて意味があるのです。
実際に、私のパートナーもソウルメイトではありません。
だからこそ、きちんとコミュニケーションをとることを心がけています。
ソウルメイトは、特別な存在ですから、なかなかいないものです。

周囲がソウルメイトばかりだ、ってかたは、相当な引き寄せ力を持った人です。
でも、感度が上がればなんとなく気がつくようになります。
この人、そうかも？って。
もしもソウルメイトがまわりにいなければ、
探そうって気になりますよー！
そのくらいソウルメイトはあなたを
幸運体質へと導いてくれる存在なんです！

「ソウルメイトの見つけ方」

なれ初めも運命的と話題になった美男美女のブータン国王と王妃。そんなおふたりもソウルメイト。王妃が7歳のときに家族のピクニックで出会った王子に「結婚してください」と逆プロポーズ。大人になって再会して結婚へ、とまるでおとぎ話のようなストーリーもソウルメイトだからこそ引き寄せた縁です。その他にもベストな組み合わせはいっぱい！
ソウルメイト探しは、自分のマインドナンバーと相手のマインドナンバーを1ケタになるまで足して7になる人を探すこと。さあ、今すぐ気になる相手のナンバーと合計してみましょう！

これがソウルメイト同士の有名人ペア！
＊カッコ内はすべてその人のマインドナンバーとネイチャーエレメンツです。

ドナテラ・ヴェルサーチ（9・雨）× ジャンニ・ヴェルサーチ（7・鉄）
ニコラ・フォルミケッティ（6・山）× レディー・ガガ（1・ダイヤモンド）
ジェシカ・アルバ（6・太陽）× キャッシュ・ウォーレン（1・キャンドル）
小室哲哉（7・山）× KEIKO（9・ダイヤモンド）
向井 理（2・ダイヤモンド）× 国仲涼子（5・キャンドル）
江口洋介（3・大地）× 森高千里（4・太陽）
三浦友和（1・雨）× 山口百恵（6・大地）
藤本敏史（2・海）× 木下優樹菜（5・キャンドル）
TERU（5・木）× 大貫亜美（2・キャンドル）
古田敦也（8・海）× 中井美穂（8・木）
とんねるず／石橋貴明（4・山）× 木梨憲武（3・太陽）
ホンジャマカ／石塚英彦（8・花）× 恵 俊彰（8・木）
くりぃむしちゅー／有田哲平（5・大地）× 上田晋也（2・キャンドル）

マインドナンバーの合計数でわかる人間関係
合計数7のソウルメイト以外の数からも、こんな相性がわかります！

1	ドリームメイト	一緒にいることで新しい化学反応が生まれ、アイディアや企画がどんどんあがり、夢の実現が高まる相性。
2	ミラクルメイト	ルールや価値観に縛られずに感覚的に付き合える関係。好きなことを共有できれば成功＆チャンス運が急上昇！
3	グローイングメイト	一緒にいることで互いに成長しあえる関係。困った時や悩んだ時に相談に乗ってもらうと吉。
4	リッチメイト	困難に立ち向かい、豊かな生活にむかって協力しあえる関係。一緒に楽しみながらお金を稼げるように。
5	チャンスメイト	交流することで互いのツキやチャンスを高めあえる関係。まわりにもいい影響を及ぼす行動力も発揮。
6	リスペクトメイト	個性やこだわりを持ちながらも互いを尊敬しあえる関係。互いを尊重し、高めあうことで自分も成長していける。
7	ソウルメイト	生まれたときから強い縁で結ばれ、瞬時に惹かれあい、いつまでも話していて飽きない、悩みも素直に打ち明けられる生涯のベストパートナー。
8	パワフルメイト	固い絆で結ばれ、ノリも合うので、一緒にいるとがんばれたり、勢いにのったり互いにパワーアップしあえる関係。
9	ミラーメイト	鏡のように正反対ながら、互いを映しあうことで支えあえる関係。自分の意見をおしつけないことで無限の可能性が！

第 6 章

今の自分は、本当の自分じゃないと感じているあなたへ

もう少しだけ「イヴルルド遙華」のお話をさせてください

昔の私は、本当にコンプレックスだらけで、いつも生まれ変わりたい、
なんでこんな風に生まれたんだろうって思っていました。
アトピーでボロボロの肌を出すのが嫌で、水着になるのも、体操着になるのも、
夏が来るのも大嫌いでした。
特に、子供ってストレートだから、「汚〜い」「菌がうつる」ってからかわれて。
誰かがクスクス笑うたびに、自分のことを笑っているんじゃないかと
思ってしまうようになりました。
綺麗なお肌を見るたびに、羨ましくて。
アトピーが治るって聞けば、何時間も待たされる有名な皮膚科に通ったり、
塗ると綺麗になる水があると聞けば、一生懸命、肌になじむようにコットンパックして、
肌が綺麗になるお茶があると聞けば、せっせと飲んで、
垢すりが流行れば、いっそのこと、このボロボロの肌を
全部削ってしまえばいいんじゃないかと思って血まみれになるまで肌をこすったり。
肌を隠そうと思えば思うほど、夏は汗をかいてしまって悪循環。
こんなふうに全力で自分を否定していました。
現に、学生時代には、異性とお付き合いしたこともデートしたことも一切ありません。
このころの記憶は、真っ黒。自分に自信もなく自分のことが嫌いな私は、
ただ家に引きこもっていました。今で言うニート、ですね。
誰とも交流することなく、家族と一緒だったら傷つけられることもなく
自分を守っていられるだろう、と。
でも、これって一見自分を守っているようで、自分を傷つけていたんですよね。
だって、この世に生まれてきて、自分はひとりしかいないのに。
そんな自分自身が自分のことが嫌いって。
だからこそ、ある日決めたんです。

無償の愛を与えようって。
誰に？　自分自身にです！
そう決めた日から、毎日、お風呂で体を洗うたびに、大好きだよ、ありがとー、
今日も楽しかったね、愛してるよー、って全身に声かけをしました。
そこから、ちょーーーっとずつですが、自分のことを受けいれられ、
好きになることができました。
これもある種の言霊だったのかもしれません。
もし、あなたも、今の自分に納得できていなかったり、
自分のことが嫌いって思っているならば、まずは無償の愛を与えてあげましょう。
自分自身にですよ。
だって、あなたがあなた自身の一番のファンじゃないと、嫌だ嫌だ、嫌い嫌いと思っていても、
そこにはネガティブ要素しか生まれないと思いませんか？
さらに、隣の芝生を眺めてうらやんでも、自分の芝生の手入れをしない限り、
ずーっと隣の芝生が綺麗に見え続けるだけなのですから。

あなたがあなたを愛してあげることから"愛のサイクル"はスタートするのです。
あなたの心が喜ぶこと、あなたがやってみたいこと、できることからやってみましょう！
生まれたばかりの赤ちゃんがいきなりすくっと立って走ったりしないように、
大事なのは積み重ね。
いきなり大きなゴールを見て疲れるよりも
できることを積み重ね一歩一歩前進しましょう！
その一歩があなたの人生を大きく変えることになるはずです。

そのために今の私から、
2通の手紙をお送りします。
今の自分が不幸だと思っている人。
今の自分に迷いがあって
一歩踏み出すのがこわい人。
そんな人たちの小さな道しるべと
なってくれたらうれしいです。

＊＊＊

「なんだかんだいろいろうまくいかない。運のいい人が羨ましく思えて
しょうがない。私なんて何をしてもダメ……」
今の自分がとても不幸だと感じているあなたへ

うまくいかない時って落ち込んでしまうし、
どうしていいかわからなくなるし、パニックになってしまいますよね。
でも、実は、物事がうまくいかない時ほど、真意を探ることができるのです。
なんで、そのことがうまくいっていないのか。
恋愛のことなのか、仕事なのか、結婚したいのか、出世したいのか……
あなたの心の叫びを知ることができますから。
そんな時は、無理せずに思いっきり不幸と向き合いましょう。
ひとつひとつ、クリアにしていけばいいのです。

私の21歳は、崖っぷちでした。
まわりは、大学や短大に行き、キャンパスライフ、合コンにサークル、
キラキラ楽しそうに話す彼女たちがすごく眩しくて。
私は、学校にも行ってないし、就職もしていない。
お世辞にも立派とは言えない、グダグダした生活を過ごしていました。
何をやりたいかも見つけられず、何が好きなのかもわからない、
ただ、まわりには、置いていかれているようで。
焦る気持ち。何もできない自分。
いつもこの半分半分の気持ちで過ごしていました。
そして、時間がいっぱいあるから、考えたんです。
まず就職したいのか、それともできないのか、なぜ就職したくないのか。
私は、季節の変わり目と冬に体調を崩しやすく、寝込んでしまう。
アトピーがひどい時は、痒くて痒くて、集中力が落ちてしまう。
でも、悲観的になってしまうと、できないことばかり。
マイナスな部分だけ出すのではなく、できることを見つけようと思いました。
まず"働き方について"考えました。
普通って概念で縛られている限り、仕事も普通にしかできない。
人がしないことをしないと、ダメだ、と。
そんなときぶらぶら歩いていたら、100円って文字が目に飛び込んできたのです。
デッドストックの洋服が100円、200円、500円で売られているのです！

✳ ✳ ✳

透明のビニールに入ったままの、まるでデパートで
並んでいるようなシャツなどが激安で!
その時に、喜んで買い込みました。たくさん買っても1000円ちょっと。
そして、数日後に祖母に会った時に、
その服を着て行ったらすごくほめられたんです。激安なのに。
ほめられたのがまた嬉しくなって激安ショップに服を買いに行き、
祖母が働くカフェにその洋服を持って行ったんです。
そしたら、たまたま祖母のお友達がいて、またその服をほめられて。
その時に、ビビビッと閃いたんです。
この、安い洋服をこのカフェで売ってもらおうと。
その激安ショップは私の家の近くにしかなく、カフェまでは電車で1時間ほど。
さらに、カフェは一度お茶を出せば、
そんなに忙しくないから祖母にレジと接客をしてもらえるんじゃないか。
そうすれば私は、そこにいなくてもお金を稼ぐことができるって。
数千円からできる商売だし、もし売れなくても自分が着ればいいし、
ぐらいのノーリスクプチリターン(笑)で。
祖母に相談したところ、快く引き受けてくれました。
これで、私のワゴンラックのお店の完成です!
そうしたら、カフェの中にある洋服ワゴンが新鮮だったらしく
大好評で驚くべき売り上げを出したんです! お小遣いには十分すぎるくらいの。

そこから、人生って考え方、ひらめきしだいで、
0が100になることもあるんだな、って実感しました。

もし、あなたも今の境遇や待遇、働き方に不満があるなら、
違う角度で物事を考えたり、
何かできないことはないか、
見逃していることはないか、
自分が本当にやりたいことは何なのか、
よーーーーく考えてみてください!!

イヴルルド遙華

※ ※ ※

「このままじゃいけないのはわかっている。
でも、何をどうしていいか、何を始めたらいいのか……？」
今の自分が何かスタートしたいと感じているあなたへ

何かしたいのに、何をしたいかわからない。何から始めていいかわからない、
って感じている人は、まず得意なこと、できるけどしたくないこと、
極めたいこと、自信があること、ほめられること、とか、
昔からの夢を書き出したり、自分に向き合ってみてください。
完璧な人間なんていないから、悩んでもいいし、不安になってもいいし、
時間がかかってもいいんです。だって、生き様に正解も不正解もないから。
みんな生まれて初めての人生を歩んでいるんですから。
できないことをやっていくことでできるようになるし、
知らないことを知っていくことで知識は広がるし。
ただ、嫌だ、嫌だって思ったり、我慢できないって思っているのに、
何も変えようとしないのは、自分を苦しめてしまいますから、
"変える"意識をしましょう。
だって、私たちは何かをやろうと思えばやれる環境にいるんです。
以前、私はボランティアでカンボジアを訪れたときに愕然としたことがありました。
子供たちと一緒に絵を描こうとカラーペンと画用紙を持っていったのですが、
カラーペンを使ったことがないから、色で遊ぶことができないのです。
せっかくたくさんの色が揃えられているのに選んだ1本のペンだけで絵を描き続けて。
彼女たちのイラストには、色がないのです。
驚いている私に、校長先生が
「私たちには、紙もペンも楽器もありません。先生も楽器を使ったことがなく、
音楽の授業は、歌詞を朗読している。美術の授業はありません。
私たちに必要なのは、学ぶことです。
学ぶことができなければ何も変わることができません」
この言葉がとても印象的に残っています。知らないと世界は広がらないのです。
最初の一歩を踏み出そうと足を上げるのは、他の誰でもない、あなたしかできません。
やるかやらないかすべてあなた次第なのです。

イヴルルド遙華

あとがきにかえて

こんなはずじゃなかったって思うこと、たくさんあると思います。
仕事でも、こんなはずじゃなかった。
恋愛でも、こんなはずじゃなかった。
人間関係でも、こんなはずじゃなかった。
私の人生、こんなはずじゃなかった。
世の中は、「こんなはずじゃなかった」の繰り返し。
私も数年前までは、冷たい風にあたり、震えながらこんなはずじゃなかった、
ってつぶやいて幾度となく、涙を流した日がありました。
誰にも言えなくて。苦しくて、苦しくて、笑っててもやっぱり苦しくて。

でも、ある日。声が聞こえたのです。
角度を変えて物事を考えてみなさい。
見えているものがすべて正しいものとは、限らない。
その言葉で目が覚めました。私は、何も持っていないのです。
だから怖がることは何もなかったのです。
だから、私は、ないものをないと思うのではなく、
ないものを手に入れていこうと考えました。
まず、手に入れるのは、勇気。絶望を描くよりも新しい未来を描こう。

こうして、
「イヴルルド遙華」は誕生したのです。
きっと、あなたにもそんな時が訪れるはず!

人生は、思うほど悪くない。
あなたが匙(さじ)を投げなければ。
そう、信じています。

あなたの輝く未来を見ている
イヴルルド遙華　より

イヴルルド遙華 EVE-LOURDES-HARUKA

複雑な現代社会において、人間関係や恋愛に迷う女性たちから、多くの支持を集めるフォーチュンアドバイザー。その前向きでポジティブな姿勢、愛とパワーにあふれるアドバイスは、モデルや女優、ヘアメイク、プレス、エディターなど、とくに業界においては絶大な信頼を獲得。とにかく元気になれるというその鑑定が口コミでどんどん評判を呼び、今もっとも予約の取れない鑑定士に。西洋占星術、算命学、姓名判断、タロットなど、多くの占いを研究したのち、夢のお告げとひらめきで、オリジナルのフォーチュンサイクル表、ネイチャーフォーチュン占いを考案。「幸せを呼び込む! ネイチャーフォーチュン占い」(宝島社)、「願いが叶う! フォーチュンサイクル占い」(主婦の友社)、「運命が変わる"プチ改名"」(小学館)などヒット著書も多数。情報バラエティ「なないろ日和!」(テレビ東京系)などテレビ番組でも占いコーナーを担当。雑誌「JJ」(光文社)、ウェブサイト「ELLE ONLINE」(ハースト婦人画報社)、「VoCE」(講談社)にも占いコンテンツを提供。東京・代官山に鑑定ルームをもつ。

公式サイト http://www.ineori.com/
公式ブログ http://ameblo.jp/eve-lourdes-haruka/
Facebook https://www.facebook.com/lourdes.eve

DESIGN ALBIREO
ILLUSTRATION TOMOKO FUJII
DIRECTION NAOKO SHIZAWA

「運命のサイクル」を味方にしてしまえばもう怖くない!
最速で幸運体質になれる
フォーチュン運命占い

2016年3月30日 第1刷発行
2020年8月24日 第3刷発行

著者　イヴルルド遙華

発行者　茨木政彦

発行所　株式会社 集英社
　　　　〒101-8050 東京都千代田区一ツ橋2-5-10
　　　　☎03(3230)6141(編集部) / ☎03(3230)6080(読者係) / ☎03(3230)6393(販売部・書店専用)

印刷所　大日本印刷株式会社

製本所　ナショナル製本協同組合

定価はカバーに表示してあります。
本書の一部あるいは全部を無断で複写・複製することは、法律で認められた場合を除き、著作権の侵害となります。
また、業者など、読者本人以外による本書のデジタル化は、いかなる場合でも一切認められませんのでご注意ください。
造本には十分注意しておりますが、乱丁・落丁(本のページ順序の間違いや抜け落ち)の場合はお取り替えいたします。
購入された書店名を明記して小社読者係宛にお送りください。送料は小社負担にてお取り替えいたします。
但し、古書店で購入されたものについてはお取り替えできません。

©Haruka Evelourdes 2016, Printed in Japan
ISBN 978-4-08-781606-8 C0076